Sabine Herold (Hrsg.)
DIAMANTEN AM WEG

SABINE HEROLD
(Hrsg.)

Diamanten am Weg

Kostbare
Alltagsbegegnungen
mit Gott

francke

Über die Herausgeberin:
Sabine Herold ist verheiratet, hat drei Kinder und wohnt im Kanton Solothurn in der Schweiz. Sie ist reformierte Pfarrerin und referiert bei Frauenfrühstückstreffen.

Bibliografische Information der Deutschen Nationalbibliothek
Die Deutsche Nationalbibliothek verzeichnet diese
Publikation in der Deutschen Nationalbibliografie;
detaillierte bibliografische Daten sind im Internet
über http://dnb.dnb.de abrufbar.

ISBN 978-3-86827-716-6

35037 Marburg an der Lahn
Umschlagbild: © iStockphoto.com / Lepro
Umschlaggestaltung: Verlag der Francke-Buchhandlung GmbH
Satz: Verlag der Francke-Buchhandlung GmbH
Printed in Czech Republic

www.francke-buch.de

Inhalt

Vorwort

„Alles menschliche Leben ist Begegnung", hat Martin Buber gesagt.

Ja, das stimmt! In unserem Leben, in unserem Alltag begegnen wir Menschen, begegnen wir einander. Manche Begegnungen sind oberflächlich und kurz, andere tiefgründig und gehaltvoll.

Besonders in meiner Tätigkeit als Pfarrerin habe ich viele Begegnungen und wertvolle Gespräche, in denen Menschen aus ihrem Leben erzählen. Oft begegne ich Menschen mehrmals oder sogar regelmäßig. Und manchmal ergibt es sich, dass ich an verschiedenen Wegstücken des einen oder anderen Lebensweges teilhaben darf.

Ich habe großen Respekt vor der Lebensgeschichte anderer Menschen, denn jede Person ist auf ihrem Weg unterwegs, hat ihre eigene, einzigartige Geschichte. Jeder Mensch trägt seine Lasten, hat seine Herausforderungen und bewältigt das Leben auf seine Weise.

Und in allem wirkt Gott und ist gegenwärtig – nicht immer auf den ersten Blick erkennbar, aber oft wird im Rückblick klar, dass da ein Größerer die Hand über einem Leben gehalten hat, dass das dunkle Tal nicht allein durchschritten werden musste, sondern dass Gott da war und mitgekommen ist, leitend, helfend, tröstend ...

Diese Erlebnisse sind wie Diamanten – viel zu kostbar, um sie zu verschweigen oder zu verbergen. Es ist wertvoll, wenn wir hin und wieder mit anderen teilen, was wir erlebt haben; wenn wir *mit-teilen*, was uns im Leben widerfahren ist und was uns geprägt hat, wofür wir dankbar sind, worauf wir hoffen, was uns Gott geschenkt hat. Dieses Mit-Teilen wird zum einander Beschenken und eine gegenseitige Ermutigung zum Leben.

Zu diesem Teilen und Mit-Teilen der Lebens-Diamanten lade ich an bestimmten Anlässen in der Gemeinde ein. Oft kommt dabei eine ganze Schatztruhe zusammen – manchmal wird sogar eine Geschichte daraus.

Unsere persönliche Geschichte ist nicht fertig. An jedem Tag gibt es eine Fortsetzung.

Und auch Gottes Geschichte mit uns ist noch nicht fertig. Er schreibt seine Geschichte mit uns weiter, Tag für Tag. An jedem Tag will er uns begegnen, an jedem Tag bietet er uns an, dass wir seine Hand ergreifen und mit ihm unterwegs sind.

Jeder Tag ist eine Einladung, Gott, uns selbst und einander zu begegnen!

Das Buch „Diamanten am Weg“ möchte mit seinen vielseitigen Texten ermutigen und berühren.

Menschen, die sich rückblickend an ihre ersten Begegnungen mit Gott, an Gottes Eingreifen in ihrem Leben, an unerwartete Geschenke Gottes (trotz Herausforderndem und Schwierigem) erinnern, teilen uns ihre Erfahrungen mit.

Die Texte laden dazu ein, die Hoffnung nicht aufzugeben, sondern weiterhin *dem* Gott zu vertrauen, der zugesagt hat, immer bei uns zu sein.

Geschichten, Meditationen, Gebete ... wechseln sich ab.

Menschen aus unterschiedlichen Lebenssituationen geben uns Einblick, wie sie auch in Lebenstälern Gottes Güte erfahren durften.

Dieses Buch möchte uns ermutigen, das eigene Leben aus einer neuen Perspektive, aus biblischer Sicht zu betrachten und zu entdecken, wo Gottes Hand und Hilfe erfahren wurde.

Ich danke allen, die sich bereit erklärt haben, ein Stück von ihrem Leben mitzuteilen, es dadurch mit anderen zu teilen und sie zu beschenken.

Alles menschliche Leben ist Begegnung.

Wertvolle Begegnungen miteinander und mit diesem Buch wünscht Ihnen

Sabine Herold

Sofern nicht anders angegeben, werden die Bibelverse nach „Hoffnung für alle" zitiert.

DANKE

Dir, Gott, sei Dank
für dieses Leben, das du mir schenkst und erhältst.
Du machst mein Leben reich,
du allein genügst. Danke!

Alleine du bist und gibst ein Leben in Fülle.
Erfüllt lebe ich in deiner Gegenwart.
Du in mir und ich in dir – danke!

Niemals könnte ich leben ohne dich;
nicht *das* leben, was Leben heißt.
Danke, Gott, für jeden neuen Tag
als Einladung, mit dir zu leben!

Kein Tag vergeht ohne dich.
Du bist der Anfang an jedem Morgen
und auch an seinem Ende bist du noch immer da,
vom Morgenrot bis in die Abenddämmerung
und wieder bis zum Morgen … danke!

Ewig bist du und endlos deine Liebe,
ich kann nicht anders, als dir DANKE zu sagen:
DANKE von Herzen, du großer Gott!

sh

Mit Gott!

Meine Geschichte mit Gott begann schon sehr früh – Gottes Geschichte mit mir noch viel früher. Gott sei Dank!

Von klein auf liebte ich biblische Geschichten und Jesus. Ich ging gerne in die Kinderstunde, sang von Herzen die Lieder, hörte gebannt den Erzählungen aus der Bibel zu und lebte förmlich mit. Dennoch war mir klar, dass Gott keine Enkelkinder hat und wir nicht automatisch seine Kinder sind, aber jederzeit seine Kinder werden dürfen.

So war ich erst acht Jahre alt, als ich Gott zum ersten Mal bewusst mein Herz öffnete und Jesus bat, in meinem Herzen zu wohnen. Das auswendig gelernte Abendgebet erinnerte mich täglich daran: „Ich bin klein, mein Herz mach rein, soll niemand drin wohnen als Jesus allein!" Nun war es nicht mehr nur gesagt, sondern auch getan. Meine Liebe zu Jesus wurde tiefer und größer und in jedem Ferienlager, auf jeder Freizeit gefestigt.

Wovon mein Herz voll war, davon ging auch mein Mund über, und so spielte ich mit meinen Freundinnen fröhlich „Kinderstunde". Ich lud die Kinder aus der Nachbarschaft ein und übte mich als Missionarin. Ob das den andern gefiel oder nicht und wie sie über mich dachten, war mir nicht so wichtig. Ich fragte meine Lehrerin, ob ich der Klasse ein Lied vorsingen dürfte, und sang aus vollem Herzen und Kehle Lieder wie „Zünde an dein Feuer, Herr, im Herzen mir ..."

Zu meiner Konfirmation wählte ich sehr bewusst den Spruch aus Psalm 100,2: „Dienet dem HERRN mit Freuden, kommt vor sein Angesicht mit Frohlocken." Ja, das wollte ich: Gott dienen, mit Freude, von ganzem Herzen, mit ihm leben, von ihm reden, mit ihm wirken.

Doch dann kam eine Zeit in meinem Leben, die ganz anders war. Ich stand nicht mehr vor der Klasse und sang voller Freude von Gott. Nein, ich war zur Außenseiterin geworden, gehörte zu denen, die gemieden wurden, die nicht dazugehörten. Diese Erfahrung tat tief drinnen sehr weh und eine große Einsamkeit breitete sich aus. So überstand ich Jahr um Jahr in der Schule und hungerte nach Leben und Zugehörigkeit. Der Glaube war nach wie vor das tragende Fundament für mich, hatte aber an Lebendigkeit verloren. Er war äußerliche Fassade ohne überzeugende Ausstrahlung.

Und dann kam die Sucht, um die Leere zu füllen – die Sucht nach dem Nichts, besser gesagt nach Hungern, Abmagern, Trainieren, Kalorien verbrauchen. Ich rutschte immer tiefer in die Essstörung Magersucht. Zuerst unbewusst und peu à peu, dann ganz bewusst, um Gramm für Gramm loszuwerden.

Alles wurde mir zum Zwang, zum Muss. Sogar der Glaube wurde zum streng kontrollierten Leistungs-System, bis zum Zusammenbruch. *Endlich!*

Nun, am Ende meiner Kraft, am Tiefpunkt meines Lebens, begegnete mir Gott ganz neu, ganz anders und so wohltuend. Ich durfte loslassen, mich fallen lassen, nicht mehr müssen, nicht mehr funktionieren, sondern sein ...

Das ging nicht von heute auf morgen, sondern es begann ein

jahrelanger, aber lohnenswerter Weg, Schritt für Schritt. Noch immer bin ich unterwegs und buchstabiere bis ins Innerste die Liebe und Annahme Gottes, weil ich *bin* – und nicht, weil ich leiste.

In diesem Prozess entschied ich mich neu, den Weg mit Gott zu gehen und mich meinen Fragen und Zweifeln zu stellen, auch meinen Glauben zu hinterfragen und hinterfragen zu lassen – von Freunden, von meinem Mann, im Studium, im Gespräch mit anderen. Was und an wen glaube ich? Wer ist mein wahrer Halt im Leben? Warum glaube ich und warum so, wie ich es tue? Dieses Fragen hat mich gestärkt. Bis heute.

Heile Welt? Nein, ich will mich nicht belügen. Es bleibt ein Unterwegssein. Die erste Entscheidung für Gott in meiner Kindheit war der Anfang von einem langen Weg. Ohne das „Ja!" von Gott zu mir wüsste ich nicht, wo ich heute wäre.

Aber ich weiß: In meinem Leben brauche ich immer wieder neu die Hinwendung zu und die Hingabe an Gott, damit er erneut sein Feuer in mir entzündet.

Denn nach und nach entdecke ich Anteile in mir, die lieber ohne Gott durchs Leben wollen, lieber so, wie es ihnen am besten passt. Immer wieder steht das Ego im Weg und möchte selbst im Leben herrschen. Und immer wieder neu bin ich eingeladen, Gott auch in diese Lebensräume einzuladen und sie ihm zu überlassen.

Mein Konfirmationsspruch ist mir in den letzten Jahren wieder sehr wichtig geworden, insbesondere als Pfarrerin. Er ist in meinem Talar-Innern eingestickt, um mich beständig daran zu erinnern und wieder neu dazu einzuladen, *mit Freuden* mit Gott unterwegs zu sein, so wie ich bin – echt, ganz, authentisch –, und mich mit meinen Gaben ins Reich Gottes einzubringen: „Dienet dem HERRN mit Freuden!"

Ja, das will ich von ganzem Herzen – mit Gott!

Sabine Herold (sh)

Psalm 100

Ein Lied für den Dankgottesdienst

Jubelt dem HERRN zu, ihr Völker der Erde!
Dient ihm voll Freude, kommt zu ihm mit fröhlichen Liedern!
Erkennt, dass der HERR allein Gott ist! Er hat uns geschaffen, wir gehören ihm! Wir sind sein Volk, das er umsorgt wie ein Hirte seine Herde.
Geht durch die Tempeltore ein mit Dank, betretet die Vorhöfe mit Lobgesang! Preist ihn und rühmt seinen Namen!
Denn der HERR ist gut zu uns, seine Gnade hört niemals auf, für alle Zeiten hält er uns die Treue.

Umgeben von deiner Liebe

Am Anfang meines Lebens
steht dein bedingungsloses JA zu mir.
Du bist der Gott, der mich ins Dasein liebte und liebt.

Am Ende meines Lebens
empfängst du mich mit deiner Liebe.
Du bist der Gott, der mich nach Hause bringt.

In Tiefen meines Lebens
bist du mit mir, leidest und weinst mit mir.
Du bist der Gott, der mit mir durch die Tiefen geht.

Auf Höhen meines Lebens
erkenne ich, dass nicht meine Kraft und Weisheit
das geleistet haben –
du bist der Geber aller guten Gaben, Herr.

So umgibst du mich mit deiner Liebe –
im Gestern, im Morgen, in Tiefen und auf Höhen –
jetzt und hier und immer!

sh

Einer kommt immer mit

Es war ein magischer Moment für mich: Bei strahlend blauem Himmel und gleißendem Sonnenschein zog der Frühling zaghaft ins Land und der Schnee begann zu schmelzen. An den Straßenrändern auf meinem Schulweg bildete sich ein faszinierendes Tunnelsystem von Eisdeckelchen. Beim genauen Hinhören klang das durchfließende Wasser wie eine Symphonie.

In solchen Situationen verlor ich jedes Zeitgefühl und vergaß jede noch so verbindliche Abmachung. Es gab häufiger Konflikte als Kontrast zur Faszination dieser bezaubernden, ja magischen Momente. Und irgendwie steht meine Hinwendung zu Gott genauso symbolisch für eine schlichte und doch so unvergleichliche persönliche Erfahrung außerhalb des Alltäglichen oder Rationellen.

Ich wuchs mit mehreren Geschwistern auf. Meine tiefgläubige Mutter hatte mit uns das Abendritual eingeübt, dass wir der Reihe nach – vom Ältesten bis zum Jüngsten – das gleiche Abendgebet aufsagten. Doch an einem Abend, ich erinnere mich noch sehr genau, verträumte ich meinen Einsatz. Meine Mutter warf das sichtlich aus der Bahn. Ich habe sie sehr aufgebracht in Erinnerung, als sie mich entrüstet fragte, ob mir denn der Glaube egal sei?!

Überhaupt war meine Mutter oft unangemessen heftig mir gegenüber. Ich verkörperte eine Art Pufferfunktion in der Familie, die mich erdrückte. Sehr positiv erlebte ich dagegen den Glauben in der Sonntagsschule durch einen Lehrer, der ein Genie war im lebendigen, bildhaften Erzählen der biblischen Geschichten. Obwohl ich erst zehn Jahre alt war, hatte diese Kombination einer anschaulichen, lebhaften, kindgerechten Verkündigung und der aufgebrachten Mutter eine durchaus nachhaltige Wirkung. Es kam noch dazu, dass ich mit meinen erst zehn Jahren schon recht erschüttert wurde nach schwerer lebensbedrohlicher, aber überstandener Krankheit. Einige Zeit nach diesen Erfahrungen sprach ich allein in der Verborgenheit meines Kinderzimmers ein Gebet, in dem ich Jesus einlud, in mein Leben zu kommen. Es waren schlichte Worte, frei formuliert. Und ich erinnere mich, dass ich Jesus bat, mir zu helfen. Ich hatte schon die Erfahrung gemacht, dass ich zwar etwas wollte, aber bei der Umsetzung scheiterte. Damals war mir der Vers noch unbekannt, den ich später lernte: „Sind wir untreu, bleibt er doch treu, denn er kann sich selbst nicht untreu werden.“ (2. Timotheus 2,13)

Ich tauchte ein in ein Leben der blanken Gegensätze. Zu Hause erlebte ich oft Willkür und Gewalt; in der Gemeinde und Sonntagsschule lernte ich die Grundsätze der christlichen Werte. Was mich tief prägte, so erkenne ich im Rückblick, war das Geschenk der ersten Bibel durch meine Großmutter und eine Bibellesehilfe für Kinder. Es war nicht in erster Linie das Wort, sondern die Kombination der Zeit im Gespräch mit meinem neu gewonnenen Zufluchtsort. Ich machte Gebetserfahrungen, doch zugleich ging mein Glaube durch den Glutofen von Suizidgedanken, bis ich mit 26 Jahren wirklich körperlich und psychisch zusammenbrach und mich in ärztliche Behandlung begeben musste.

In alledem erlebte ich Schritt um Schritt, Tag um Tag dieses Unterwegssein, wie es Psalm 23 sehr eindrücklich beschreibt: Ein Hirte ist immer an meiner Seite. Es ist kein „Grüne-Wiesen-Klischee", sondern das Unterwegssein zwischen dunklen bedrohlichen Felswänden, Tälern und Berghöhen, abwechselnd mit Wiesen zum Innehalten und Träumen, dann der Ruf zum Aufbruch und Weiterziehen. Und einer ist immer mit dabei: mein Hirte, mein Jesus.

Ich denke an dieser Stelle an eine meiner ersten Gebetserhörungen: Es war Winter geworden. Wir taten die ersten Versuche auf Skiern auf heimischem Grund und Boden. Und da verlor meine zwei Jahre jüngere Schwester den Boden unter den Füßen. Sie stürzte so unglücklich, dass ihre Brille zerbrach. Sofort war mir klar: Da das Geld in unserer Familie sehr knapp bemessen war, war es entscheidend wichtig, wenn wir wenigstens die Gläser retten könnten und nur der Rahmen ersetzt oder repariert werden musste. Aber ein Glas blieb einfach verschollen. Wir waren vier oder fünf Kinder, suchten verzweifelt, doch wir tappten im Bodenlosen. Einer nach dem anderen stiefelte resigniert nach Hause, aber ich weigerte mich standhaft.

Doch schließlich riss auch mein kindlicher Geduldsfaden und ich schlug mit dem Skistock in den Schnee: „Gott, wenn du all die Wunder getan hast, warum hilfst du jetzt nicht?!"

Ich erinnere mich, als wäre es gestern gewesen: In diesem Moment rissen die Wolken auf und die Sonne umstrahlte mich. Gleichzeitig hörte ich die Kirchenglocken, vermutlich das Vier-Uhr-Läuten. Zutiefst ergriffen von einem heiligen Respekt blieb ich wie angewurzelt stehen und dachte nach. Da kam mir die Idee, dass der Skistock wie ein Pfeil zu liegen gekommen sein könnte. Und gegen jede rationelle Logik: Genau dort am

Ende lag das gesuchte Glas! Ich war so überwältigt, dass ich den ganzen Hang hinaufrannte ...

Bis heute hat sich dieses Erleben tief eingeprägt. Ich wünsche mir noch heute manchmal diese kindliche Entschlossenheit zurück, das Handeln und Eingreifen Gottes so real zu erbitten und zu erleben. Ja, was schreibe ich da – es gibt sie doch, diese vielen Geschichten seiner Treue. Ich habe es erlebt!

Unterwegs sein. Bis heute. Immer noch!

Hanna

Bibelvers

Psalm 23

Ein Lied von David.

Der HERR ist mein Hirte, nichts wird mir fehlen.
Er weidet mich auf saftigen Wiesen und führt mich zu frischen Quellen.
Er gibt mir neue Kraft. Er leitet mich auf sicheren Wegen und macht seinem Namen damit alle Ehre.
Auch wenn es durch dunkle Täler geht, fürchte ich kein Unglück, denn du, HERR, bist bei mir. Dein Hirtenstab gibt mir Schutz und Trost.
Du lädst mich ein und deckst mir den Tisch vor den Augen meiner Feinde. Du begrüßt mich wie ein Hausherr seinen Gast und füllst meinen Becher bis zum Rand.
Deine Güte und Liebe begleiten mich Tag für Tag; in deinem Haus darf ich bleiben mein Leben lang.

Gott, der gute Hirte

Gott, der gute Hirte, versorge dich
äußerlich und innerlich mit dem,
was du wirklich zum Leben brauchst.

Gott, der gute Hirte, erquicke und erfrische dich
mit seinem Guten.

Gott, der gute Hirte, zeige dir das Ziel,
für das du leben sollst,
und er zeige dir auch den Weg dorthin.

Gott, der gute Hirte, sei im Leid, in schweren Stunden,
in Traurigkeit ganz nah bei dir und helfe dir.
Er trage und tröste dich!
Er zeige dir, dass er für dich und für dich da ist!

Gott, der gute Gastgeber, schenke dir
mitten in Schwierigkeiten und Konflikten von seiner Fülle,
so viel du brauchst.
Er berühre dich mit seiner Liebe und Wertschätzung!

Gott, der Herr, begleite dich
mit seiner Güte und Barmherzigkeit.
Er schenke dir sein Zuhause, seinen Ort für dich,
wo du Heimat findest und zur Ruhe kommst!

AMEN.

sh

Mein Weg zum Glauben

Eigentlich weiß ich gar nicht genau, wie ich zum Glauben kam!

Meine Eltern schickten uns Kinder in die Sonntagsschule; sie selbst gingen aber nie in einen Gottesdienst. In der Schule hatten wir Religionsunterricht bei einem Pfarrer, der uns zu Kirchengesangbuchliedern tanzen ließ. Von daher stammt meine große Liebe zu diesen Liedern. Diese alten Lieder waren für mich stets mit positiven Erfahrungen verbunden.

Auch in den Konfirmandenunterricht ging ich gerne, weil wir Jugendlichen ein sehr gutes Verhältnis zu unserem Pfarrer hatten und gemeinsam ein sehr intensives, lehrreiches Konfirmandenjahr erlebten.

Während meiner Berufsausbildung nahm meine Chefin mich zu einer Veranstaltung von Billy Graham mit. Hier wurde ich tief berührt, ging nach vorn und öffnete mein Herz für Jesus. Von da an schloss ich mich einer Jugendgruppe an, die jedoch sehr streng und eng war. Es wurde uns vieles verboten und vorgeschrieben. Ich fühlte mich nie ganz wohl in dieser Gruppe und war froh, als ich endlich den Ausstieg schaffte.

Der Gottesdienstbesuch gehörte für mich aber weiterhin zum Sonntag, während der Rest meiner Familie den Sonntagmorgen nutzte, um auszuschlafen. Zwar war mir ein regelmäßiger Besuch nicht mehr möglich, als ich die Ausbildung zur Krankenschwester begann, aber wann immer sich die Gelegenheit bot, besuchte ich den Gottesdienst.

Bald schon lernte ich einen jungen gläubigen Mann kennen, der in der Gemeinde mitarbeitete. Wir konnten uns gut über den Glauben unterhalten, was mir sehr imponierte und mir Freude machte. Obschon ich eigentlich die Absicht gehabt hatte, Diakonisse zu werden, stand schon bald fest, dass wir in absehbarer Zeit heiraten wollten. Doch auch er war mitten in einer Zweitausbildung. Wir führten unsere Freundschaft über eine große Entfernung hinweg. In dieser Zeit begannen meine schweren manisch-depressiven Phasen.

Dank der liebevollen und unermüdlichen Unterstützung der Pflegerinnenschule, meiner Eltern und meines Freundes, der trotz allem zu mir stand, konnte ich meine Lehre mit dem Diplom abschließen. Bei der Diplomfeier steckte mein Freund mir den Verlobungsring an den Finger und ein Jahr später läuteten die Hochzeitsglocken in jener Kirche, in der ich, sooft es möglich war, den Gottesdienst besucht hatte. Die manisch-depressiven Phasen hielten noch Jahre an und ich musste viele Medikamente schlucken.

Gott segnete uns mit drei gesunden Söhnen. Auch als Familie behielten wir die Gewohnheit bei, wann immer möglich am Sonntagsgottesdienst teilzunehmen. Auch heute vergeht kaum ein Sonntag, ohne dass wir einen Gottesdienst besuchen.

Auch die thematischen Frauentage – Perlentreffen genannt –, die ich so gerne besuche, sind jedes Mal eine Oase, in der mein Glaube gestärkt wird.

Wann und wo wurde ich also von Gott abhängig, d. h. gläubig? Nach wie vor weiß ich das nicht, aber ich bin äußerst dankbar dafür!

VB

Bibelvers

Römer 10,17

Es bleibt dabei: Der Glaube kommt aus dem Hören der Botschaft; und diese gründet sich auf das, was Christus gesagt hat.

Lobgesang

Gott, du bist der Schöpfer des Lebens.
Durch deinen Willen und dein Wort hast du alles werden lassen, was ist – auch mich.

Gott, du bist der Anfang und das Ende.
Von dir komme ich und zu dir gehe ich.

Gott, du bist der Grund des Lebens und die Quelle.
Du gibst mir Halt und stillst mein Verlangen.

Gott, du bist Ja und Nein.
Du führst mich in die Weite und setzt mir doch klare Grenzen.

Gott, du bist der Atem in mir.
Jeder Atem ist dein Geschenk an mich.

Gott, du bist der Lebensodem für alles.
Mit deinem Odem bewirkst du neues Leben,
schaffst du neu oder beendest die Zeit auf der Erde.

Gott, du bist Liebe und Weisheit.
Alles schufst du aus Liebe zum Menschen, auch zu mir.

Gott, du bist im Großen und Kleinen gegenwärtig.
Ich bin verschwindend klein – doch du siehst mich.

Gott, du bist, der mich durch und durch kennt:
Meinen Namen, mein Wesen – so wie ich wirklich bin.

Gott, du bist Kraft und Stärke.
Hier ist meine Schwachheit. Hier bin ich.

sh

Wie ein Sechser im Lotto

Der Rückblick auf mein Leben lässt mich sehr dankbar werden. Geboren im Jahr 1949 in der Schweiz, gehöre ich zur privilegierten Nachkriegs-Generation. Laut eines Zeitungsberichtes gab es eine so gute Zeit, wie wir sie erleben durften, noch nie und werde es wahrscheinlich auch nicht mehr geben. Das sei wie ein Sechser im Lotto, schrieb die Journalistin!

Die Wahrscheinlichkeit eines solchen Lottogewinns ist ja statistisch gesehen sehr klein. Umso mehr habe ich Grund, dankbar und froh zu sein. Es ging immer nur aufwärts für uns: Wir erhielten gute Schulbildung, Förderung auf allen möglichen Gebieten, Freiheiten, von denen frühere Generationen nur träumen konnten, und natürlich auch gute Berufschancen. Die Welt stand mir und meinen Altersgenossen offen – und diese Welt war irgendwie noch berechenbar. So fühle ich mich von Gott reich beschenkt!

Ein besonderes Geschenk Gottes war für mich, dass er mir in seiner großen Liebe nachging und mich in vielen Situationen bewahrte. Er war da und hielt seine schützende Hand über mich, als ich als etwa zweijähriges Kind vom Fahrer des Milchwagens übersehen und überfahren wurde. Ich überlebte nur, weil das Auto relativ hoch war und ich genau zwischen die Reifen fiel, sodass ich mit wenigen Blessuren davonkam.

Gott war auch da, als ich mich drei Jahre später von der Hand meiner Mutter losriss, weil ich voller Freude in die Arme meines Vaters springen wollte, der aus der Straßenbahn stieg. Dabei rannte ich direkt in ein heranfahrendes Auto. Auch diesmal überlebte ich, allerdings mit einigen Verletzungen.

Gott ließ mich auch nicht los, als ich später eigene Wege ging und den Sinn des Lebens in der Esoterik suchte, aber nicht fand. Dass ich den Weg zu ihm zurückfand, damit hatte ich nie gerechnet, denn ich hatte mich sehr weit von ihm entfernt. Was für ein besonderes Geschenk und wie tröstlich ist es doch zu wissen, dass ich in dieser ver-rückten Welt (im wahrsten Sinne des Wortes) von ihm von unten gestützt und von oben gehalten bin!

Gott schenkt mir täglich Mut und Kraft, um auch schwierige Situationen zu ertragen. So wurde ich vor etwa zwanzig Jahren mit der Diagnose CLE (kutaner Lupus erythematodes) konfrontiert. Das ist eine seltene Autoimmunerkrankung, bei der mein Körper Antikörper gegen körpereigene Zell- und Gewebestrukturen produziert. Bei einem gesunden Körper werden diese Antikörper zur Abwehr von Infektionen gebraucht. Es handelt sich um eine chronische Erkrankung, welche nicht heilbar ist.

Als der Dermatologe, den ich konsultiert hatte, bei meinem massiven Haarausfall keine Behandlungsmöglichkeit mehr sah, meldete er mich an der Uni-Klinik an. Dort erhielt ich schließlich die Diagnose CLE. Der behandelnde Arzt erklärte mir, dass durch diese Krankheit meine Kopfhaut irrtümlicherweise zum Feind erklärt und bekämpft würde. Dadurch würden die Haarwurzeln unwiderruflich zerstört werden. Er könne mir nicht sagen, wie lange es dauern würde, bis ich keine Haare mehr haben werde. Es dauerte dann noch etwa fünfzehn Jahre, bis meine ehemals schönen und vollen Haare fast vollständig ausgefallen waren. Nun trage ich schon seit einiger Zeit eine Perücke. Trotzdem bin ich dankbar, dass ich „nur“ den Hautlupus habe. Mit einer Wahrscheinlichkeit von etwa 90 Prozent wird das auch so bleiben. Geht diese Krankheit in die innere Form (SLE) über, so werden innere Organe angegriffen, eine furchtbare Erkrankung. Dennoch war und ist es nicht so einfach, mit der Einschränkung durch die Krankheit zurechtzukommen, zudem vor vier Jahren noch ein Diabetes II diagnostiziert wurde ... Doch nun kann ich auch das mit Gottes Hilfe akzeptieren und sehe sogar gewisse Vorteile: kein Färben der Haare, keine Dauerwellen und teure Frisörbesuche, und dennoch bin ich immer schnell und unkompliziert anständig frisiert!

Gott schenkte mir im Laufe der Jahre eine neue Sichtweise, ein Akzeptieren dieser Krankheit, sie gehört nun einfach zu mir. Wenn ich manchmal völlig kraftlos und verzweifelt bin und keinen Schritt mehr weitergehen kann, so darf ich erleben, dass er mich trägt. Ich weiß, dass sein Lebensplan für mich gut ist, dass er mich liebt, dass ich bei ihm geborgen bin.

LS

Bibelvers

Jesaja 40,31

Alle, die ihre Hoffnung auf den Herrn setzen, bekommen neue Kraft. Sie sind wie Adler, denen mächtige Schwingen wachsen. Sie gehen und werden nicht müde, sie laufen und sind nicht erschöpft.

Gebet

Schöpfer meines Lebens*, der du mich gemacht,*
ein Wunderwerk hast du mit mir vollbracht.
Liebevoll bereitet, im Dunkel bunt gewirkt,
du zeigst mir, was sich in mir verbirgt.

Liebe meines Lebens*, du erkennst mich ganz,*
siehst mich schon jetzt in deiner Liebe Glanz.
Du hast mich gerufen, an meinen Platz gesetzt.
Dein JA zu mir begleitet mich auch jetzt.

Hirte meines Lebens*, der du mit mir gehst,*
und auf allen Wegen mir zur Seite stehst:
Du siehst, was ich brauche, deckst mir deinen Tisch,
schenkst erfülltes Leben, nährst und hütest mich.

Vater meines Lebens*, du hast mich erwählt,*
alle Lebenstage sind von dir gezählt.
Du kennst meinen Namen, du hast ihn genannt,
geborgen und sicher bin ich in deiner Hand.

Du hast mich – wunderbar gebildet – kreativ gewoben.
Schöpfer meines Lebens, dich, HERR, will ich loben.

sh

Was Gott möglich macht

Da stand sie, die alte Handorgel, besser gesagt ein Akkordeon. Es war nicht so alt und schlecht, wie es im ersten Moment klingen mag, aber dieses Instrument hatte seit Jahren ohne Beachtung in der Ecke gestanden. Zu viele verschlossene Türen. Schlicht unmöglich, sie zu spielen.

Und da war dieser eine Abend, wo ich im Gebet ganz konkret um eine Antwort bat, was meiner Seele neue Nahrung geben könnte. Ich fühlte mich nur noch „gebend“ und leer, ausgelaugt, erschöpft. Und plötzlich war er wieder da, der Gedanke an Musikunterricht und an die stille Liebe, die mich mit dem Instrument verband. Obwohl es in meiner Situation unmöglich erschien, entschied ich mich, dem leisen Drängen in mir Raum zu geben und zumindest einen Versuch zu wagen.

Zaghaft fragte ich bei der Musikschule nach Unterricht für Erwachsene an – ohne Vorkenntnisse. Die Mitarbeiter waren sehr freundlich und positiv. Ich fragte nach dem Preis. Doch als ich erfuhr, wie viel Gebühren für ein Semester anfallen würden, erschlug mich diese Summe fast. Mit meinem Budget war das definitiv nicht finanzierbar. Meine Enttäuschung war meinem Gegenüber nicht entgangen. So erhielt ich umgehend ein Papier mit einer Anmeldung für ermäßigte Gebühren. Das setzte voraus, dass ich mich auf dem Steuerbüro meldete und einen Stempel mit einer Beglaubigung brauchte. Dann wusste ich aber immer noch nicht, wie viel das ersparen würde. Es wurde zeitlich eng. Ich zögerte. Mir fehlte der Mut.

Ich schob es bis zwei Tage vor Anmeldeschluss auf. Dann fasste ich doch allen Mut zusammen und erschien mit klopfendem Herzen im Steuerbüro. Der etwas unfreundliche und sehr steif wirkende Herr nahm das Papier in Empfang und bestätigte nach kurzer Zeit die Bewilligung.

„Was heißt das konkret?“ Meine Stimme war nicht gerade fest.

Seine Antwort dann schon: „Sie bezahlen nur noch 20 Prozent der Semestergebühren.“

Das war ein riesiges Geschenk! Vor meinen inneren Augen ging buchstäblich eine Tür auf. Zum ersten Mal sah ich in erreichbarer Nähe, was so unerreichbar schien! Ich muss übers ganze Gesicht gestrahlt haben, denn der formale Ton des Steuerbeamten wich einem Lächeln ...

Unterdessen habe ich angefangen, die Noten zu lernen, und warte gespannt auf den Unterrichtsbeginn im Herbst. Es öffneten sich weitere Türen: Mir wurde ein Instrument angeboten, um außerhalb des Mehrfamilienhauses ab und zu üben zu können. Und noch viel mehr durfte ich erleben ...

Ich bin unterwegs und vertraue darauf, dass mein Herz satt und voll werden darf, um wieder aus voller Kraft mich zu schenken.

Laura

Philipper 4,19-20
Aus seinem großen Reichtum wird euch Gott, dem ich gehöre, durch Jesus Christus alles geben, was ihr zum Leben braucht. Gott, unserem Vater, gebühren Lob und Ehre in alle Ewigkeit.

Glauben leben!

Glauben heißt,
sich vertrauensvoll Gottes Händen zu überlassen.
Glauben heißt wissen, dass Gottes Pläne gut sind.
Glauben heißt warten,
dass Gott seine Verheißungen erfüllen wird.

Leben heißt, den Glauben umzusetzen.
Leben heißt, Hände und Füße zu gebrauchen.
Leben heißt, so lange zu wirken,
bis Gottes Verheißungen erfüllt sind.

Glauben ohne Leben bleibt Theorie.
Leben ohne Glauben ist Krampf.
Glauben leben heißt,
Gottes Liebe in mir nach außen fließen zu lassen!

sh

Gott ist da, wo Menschen sind

Es war ein schöner Spätsommertag, den ich nie vergessen werde. Ich ging langsam durch den Wald und beobachtete meine Hündin. Mit Inga schien irgendetwas nicht zu stimmen. Sie wirkte nicht nur lustlos, sondern vielmehr kraftlos, desinteressiert, müde. Auch der Appetit war merklich zurückgegangen. So entschied ich mich für einen Tierarztbesuch.

Es ist eigenartig. Viele dieser Begegnungen haben sich mir tief eingeprägt, obwohl alles so unspektakulär wirkte. Als ich auf dem Weg zur Arztpraxis den Zebrastreifen überquerte, erklang in mir ein simples Lied aus dem Musikunterricht für die Weihnachtsfeier: „Gott ist da, wo Menschen sind."

Komisch, dachte ich kurz und ging dann mit einem Stoßgebet weiter.

Die nächsten Momente erlebte ich wie unwirklich. Die Tierärztin untersuchte keine fünf Minuten und diagnostizierte einen großen Tumor im Bauch meines Lieblings. Ich spürte schwache Beine, behielt aber die Fassung.

Noch glaubte ich an eine günstige Wende, an Hilfe, die irgendwie zu bezahlen wäre. Doch genau da lag auch mein Problem. Meine Hündin war mir ein Begleithund in schwerer Krankheit geworden. Doch mein winziges Budget würde diese Krise kaum bewältigen können. Ich verdrängte, strebte nur nach vorne. Und so war ich zwar nervlich sehr mitgenommen, als wir in der Tierklinik ankamen, aber alles in mir wollte nur eins: das Lebens meines Tieres erhalten!

Es gab noch fünf bis sechs Tage Hoffnung. Die erste Diagnose des Tumors konnte nicht bestätigt werden, da eine akute Entzündung der Bauchspeicheldrüse alle Sicht im Bauchraum auch mit modernem Ultraschall unmöglich machte. Eine Infusionstherapie war das Einzige, was mir blieb. Ich holte meinen Hund noch für wenige Tage heim. Wir versuchten so unbeschwert und unbekümmert wie möglich den Alltag zu gestalten. In einem alten Kinderwagen nahm ich Inga mit auf Wege rund ums Haus, ja sogar in die Straßenbahn. Aber ihre Kraft schwand wie eine welkende Blume.

Schluchzend rief ich an einem Morgen bei einem befreundeten Pastorenehepaar an. Sie begleiteten mich in die Klinik. Ich ahnte, dass dieser Gang ein endgültiger sein würde. Aber noch war die Wegstrecke nicht ganz abgeschritten. Ich hatte eine gute Ärztin, die mir zu einem weiteren Ultraschall riet und mir erklärte, dass es für die Verarbeitung meiner Trauer wichtig sei zu verstehen, was passiert war. Ingas Bauch wirkte wie bei einer schwangeren Hündin. Die Entzündung war zurückgegangen und gab nun den Blick frei auf den unheilbaren Tumor. Mein Hund war nicht mehr zu retten. Ich kam einen Tag später mit meiner Freundin zum endgültigen Abschied. Dass sie dabei war, war mir eine unbezahlbare Hilfe.

Nach Ingas Tod war auf einmal alles „ein bisschen arg" außer Kontrolle. Ich hatte zwar abgesprochen, dass ich die Kosten in der Klinik in Raten zahlen konnte. Aber so lange würde ich auch gebunden sein für einen Neuanfang. Und diese zurückliegenden zehn Tage hatten alle Kräfte verzehrt. Ich drohte zu zerbrechen.

Mein Herz schrie vor Schmerz. Für mich brach alles zusammen und doch begann ich, Bruchstücke wahrzunehmen: Gott war da! Vielleicht könnte man es mit den Scherben einer kostbaren Vase vergleichen? Ich sammelte Stück für Stück auf, sodass langsam ein Bild entstand – ein Bild, das mich staunen ließ. Wie im Lied angeklungen, ließ mich Gott nicht allein. Ich erhielt drei große Geldbeträge von Freunden, die ich nie hätte erwarten können. Was für eine Größe! Was für Gnade! Es ging in diesem Stil weiter, mit kleinen, aber so kostbaren Zeichen. Ein Brief mit 40.- Franken, eine 20er Note usw. Nach und nach begriff ich ein Wunder, an das ich nicht zu glauben gewagt hätte. Gott beglich meine Rechnung. Was für eine tiefe Wahrheit im doppelten Sinn – denn Gott hat in Jesus die allergrößte Rechnung meines Lebens beglichen!

Es wurde Adventszeit und meine Vase schien immer noch wie ein löchriges Gefäß mit Sprüngen; auch wenn ich allmählich die Schönheit der Geschichte sah. Freunde, die sich Zeit für mich nahmen, meine Trauer teilten, mich trösteten, einfach da waren ... Ich war sehr erschöpft.

Ganz tief in mir wünschte ich einen Neuanfang herbei. Aber es schien nach menschlicher Logik unmöglich. Cockerspanielwelpen waren normalerweise zu dieser Jahreszeit (Winter) in der Schweiz nicht verfügbar und es war mir wichtig, hier ein Tier zu erwerben. Eine meiner Freundinnen sollte aber recht bekommen. Sie sagte mir immer wieder: „Gott hat noch viel mehr auf dem Radar, als du siehst."

Plötzlich war da dieses erste Foto, das ich sah. Konnte ich neu anfangen? Mein Herz war gezeichnet von den Strapazen der turbulenten Wochen. Schließlich wagte ich die Frage nach einem Kleinkredit bei Freunden. Sie willigten ein – aber anders als gedacht. Es sollte ein Geschenk werden. Und ich konnte einfach meine Hände öffnen und es zulassen. Sich beschenken lassen. Weit außerhalb allem, was vorstellbar oder realistisch schien.

Am ersten Adventssonntag zog der neue kleine Kamerad bei mir ein. Zerbrechlich, wunderschön, namens „Wanya". Den Namen hatte ich nicht ausgewählt, aber er passte wie kein anderer. Denn der Name „Wanya" geht auf „Invana" zurück, der russische Name für „Johanna". Das heißt schlicht „ein Geschenk" oder noch tiefer: „Gott ist gnädig."

Ja, Gott ist gnädig. Nachdenklich blicke ich auf eine Geschichte zurück, die mich überfordert hat. Aber die schlichten Liedworte haben gehalten: Ich wusste mich nie von Gott verlassen, obwohl ich loslassen musste (und es nicht verstand). Und seine Treue kam in den Geschwistern zum Ausdruck, die so großzügig über allen Verstand teilten und mitlitten. Mein Herz ist immer noch erschüttert und doch voller Staunen. Ich denke an etwas, das ich einmal gelesen habe: Die berühmtesten Geigen werden aus Holz geschnitzt, das aus den dunkelsten Wäldern stammt.

So wie mein kleiner Hund wächst und sich entwickelt, verarbeite ich parallel die Trauer und eine abgeschlossene und eine beginnende Geschichte und entdecke das Wunder und die Kraft der Dankbarkeit. Ich hätte diesen Weg nicht geschafft – nicht allein.

Ja, ich bin von Gott überrascht worden. Er handelte außerhalb meiner vorstellbaren Größenordnung.

Mirjam

Josua 1,5

Gott spricht: Ich lasse dich nicht im Stich,
nie wende ich mich von dir ab.

Gebet

Hier bin ich, Herr

Hier sind meine Hände, fülle sie, Herr,
dass ich weiterschenke von deinem Schatz.

Hier sind meine Augen, erleuchte sie,
dass sie deine Taten verkündigen, Herr.

Hier sind meine Ohren, öffne sie, Herr,
dass sie deine Worte hören und verstehen.

Hier ist mein Mund, berühre ihn, Herr,
dass er Wahrheit redet und Gutes von dir.

Hier ist mein Herz, mache du es neu,
dass es die Liebe von dir, Herr, bewahrt.

Hier bin ich, Herr, nimm mich an als dein Kind,
dass ich mit dir lebe, so wie du es willst.

sh

Nichts kann uns von Gottes Liebe trennen!

Im vergangenen Jahr durchlebten wir als Familie eine schwierige Zeit. Unsere Tochter, ein nach außen lebensfrohes und sehr selbstständig wirkendes Mädchen, hatte monatelang versucht, ihre „Pubertätsprobleme" mit sich selbst auszumachen. Endlich redete sie zuerst mit uns und tags darauf mit einer Kinder- und Jugendpsychiaterin. Am gleichen Tag noch ließ sie sich in die psychiatrische Klinik einweisen. Sie hatte eine schwere Depression und verletzte sich (an gut vor Blicken geschützten Stellen) immer wieder selbst, um sich trotz der Traurigkeit irgendwie zu spüren. Wie schwer war es für uns festzustellen, dass wir offenbar keine Ahnung gehabt hatten, wie es ihr geht – sie war wirklich gut im „Alles-okay-Theater"!

Die erste Woche verbrachte unsere Tochter in einer geschlossenen Station für Erwachsene. Die meiste Zeit war sie dort auf sich gestellt, hatte nur ab und zu Therapie und konnte sonst einfach mit Mitarbeitern reden, wenn sie das Bedürfnis dazu hatte. Wir durften unsere Tochter besuchen und konnten auch mit ihr draußen spazieren gehen. Sonst durfte sie nur in Begleitung von Pflegepersonal nach draußen. Als ein Platz in der Kinder- und Jugendpsychiatrie frei wurde, brachten wir sie dorthin. Sie lebte acht Monate in einer Art Wohngruppe, wo jeder Bewohner sein eigenes Zimmer hatte, Wohnzimmer und Bad geteilt wurden und in der Küche gemeinsam die Mahlzeiten eingenommen wurden. Bald konnte unsere Tochter auch den Schulunterricht der Klink besuchen. Der Ort und die Betreuung schienen wie gemacht für ihre Situation! Zuerst schien es ihr langsam besser zu gehen, dann aber unternahm sie eines Nachts einen ernsthaften Suizidversuch. Nie werde ich vergessen, wie „ausgelöscht" und fast regungslos sie dort saß, als wir zum Gespräch ins Büro ihrer Therapeutin kamen. Ich erkannte meine Tochter kaum wieder!

Die Situation war für den jüngeren meiner beiden Söhne besonders belastend, hatte er doch noch kurz vorher einer Lehrerin die große Schwester als eine Person beschrieben, die immer souverän sei und sich in jeder Situation zu helfen wisse. Wenn man mich vor all diesen Ereignissen gefragt hätte, wer von meinen Kindern sein Leben am kompliziertesten finde, hätte ich sicher auf meinen Jüngsten getippt. Er hatte von Beginn an Mühe mit der Schule und die Schule mit ihm. Während der Zeit, als seine Schwester stationär untergebracht war, äußerten sich bei ihm vermehrt Schwierigkeiten, sodass er nicht länger die Regelschule besuchen konnte.

Ich bin dankbar für die Kraft, die wir immer wieder erhalten haben, für Elterngespräche in der Schule oder Standortbestimmungen in der Klinik, für die Unterstützung, um unseren Alltag umzuorganisieren und trotzdem das „normale" Programm bewältigen zu können. Dankbar bin ich auch für unseren mittleren Sohn, der immer für seine Geschwister da ist, sie oft ermutigt und meist unkompliziert und hilfsbereit einspringt, wenn er gebraucht wird.

Wir hatten uns gleich zu Beginn entschieden, als Familie unser Umfeld offen mit Rundbriefen darüber zu informieren, wie es uns ging. Dies geschah einerseits, um nicht immer überlegen zu müssen, wer schon wie viel wusste; andererseits aber auch, um für unsere Tochter die Rückkehr in den Alltag nach der Klinik so einfach wie möglich zu machen und sie vor unbequemen Fragen zu schützen. Ich bin sehr dankbar für das Mittragen von Freunden und Verwandten. Immer wieder fragte jemand nach, wie es uns geht, und viele beteten für und mit uns. Speziell meine „Moms-in-Prayer"-Freundinnen halfen mir, am Vertrauen auf Gott festzuhalten. („Moms in Prayer" ist eine Internationale Gebetsbewegung, in der Mütter für ihre Kinder und deren Schulen beten.) Mit ihnen zusammen wurde mir immer wieder neu bewusst, dass meine Tochter, selbst im Isolierzimmer in der Klinik, nie ganz allein ist, weil Gott bei ihr ist.

Aufgrund von Kopfschmerzen und Doppelbildern wurde unsere Tochter nach fünf Monaten in der Klink genauer untersucht und bekam die Diagnose „Pseudotumor cerebri". Das bedeutet, dass in ihrem Kopf zu viel von der Flüssigkeit vorhanden ist, in der das Hirn- und Rückenmark liegen. Man kennt die Ursache dafür nicht und niemand weiß, ob die Depression die Ursache für die Flüssigkeitsansammlung ist oder ob der Überdruck im Kopf die Ursache für die Depression sein kann. Fakt ist aber, dass von dem Moment an, als man damit begann, den Kopf von diesem Druck zu entlasten, wieder sichtbar Leben in unsere Tochter zurückkehrte. Sie schöpfte neue Hoffnung für die Zukunft und schmiedete Pläne.

Mittlerweile ist sie noch nicht ganz gesund, wird weiterhin medikamentös und durch ambulante Therapie begleitet, aber sie besucht wieder die Schule. Wir sind dankbar, dass sie, obwohl sie die Klasse wiederholt, in vielen Fächern dieselben Lehrer hat, die sie und ihre Geschichte kennen, und dass sie auch von den neuen Klassenkameraden gut aufgenommen wurde. Die Narben an ihrem Körper werden bleiben; aber ich bete darum, dass die „Narben an ihrer Seele" ganz verheilen.

Unser Jüngster hat in dieser Woche den Bescheid erhalten, wo er die letzten drei Schuljahre verbringen wird. Er freut sich sehr, dass er nicht in eine weit entfernte sonderpädagogische Tagesschule gehen muss, sondern die Förderklasse einer privaten Schule in der Nähe besuchen darf, wo er schon etliche Lehrer und Klassenkameraden kennt.

Wir Eltern versuchen bewusster als früher unsere Beziehung zueinander zu stärken, weil wir erlebt haben, wie wertvoll es in schwierigen Situationen ist, einander zu haben.

Besonders durchgetragen haben mich die Bibelverse aus Römer 8, in denen es heißt, dass nichts uns aus Gottes Händen reißen kann. Das habe ich erfahren, darauf verlasse ich mich voll und ganz.

Johanna

Bibelvers

Römer 8,38-39

Ich bin zutiefst überzeugt: Nichts kann uns von der Liebe Gottes trennen – nicht der Tod und auch nicht das Leben, keine Engel und keine unsichtbaren Mächte. Nichts Gegenwärtiges und nichts Zukünftiges und auch keine andere gottfeindliche Kraft. Nichts Über- oder Unterirdisches und auch nicht irgendetwas anderes, das Gott geschaffen hat. Nichts von alledem kann uns von der Liebe Gottes trennen. In Christus Jesus, unserem Herrn, hat Gott uns diese Liebe geschenkt.

(zitiert nach der Basisbibel)

Geborgen, behütet, bewahrt

Geborgen, behütet und bewahrt
bin ich in deiner Hand
wie ein Vogel im Nest,
wie ein Kind im Arm des Vaters.

Geführt, geleitet und beschützt
bin ich auf allen meinen Wegen,
weil du vorangehst,
weil du sie kennst.

Bei dir kann ich mich fallen lassen,
kann vertrauen und hoffen,
denn du weißt, was gut für mich ist –
du willst nur das Beste für mich,
wie ein liebender Vater für sein Kind.

Im Tal bist du mein Führer
und in der Dunkelheit mein Licht.
Du machst aus meiner Angst einen tiefen Frieden.
Du verwandelst meine Sorge in Vertrauen.
In meiner Schwachheit bist du stark.

Hier ist meine Hand, Herr;
nimm sie fest in die deine;
führe mich, ich folge dir!

sh

Lebenserinnerungen

S O S – „Rettet unsere Seelen!“ Ich befinde mich im Schwimmbad. Strahlender Sonntag, buntes Treiben. Ich lerne schwimmen. – Plötzlich packt mich die Angst. Ich schlucke Wasser, beginne zu sinken. „Hilfe“, schreie ich, „Hiiilfe!“ Doch niemand hört es. Arme und Beine strampeln verzweifelt ums Überleben ... Mit einem Mal weiß ich: Jetzt muss ich sterben ... Meine geängstigte Seele schreit unaufhörlich zu Gott: „Lieber Gott, hilf mir!“ – Plötzlich erblicke ich durchs Wasser einen Mann am Rand des Schwimmbeckens. Er zeigt geradewegs auf mich. Er hat mich entdeckt! Was für ein Wunder für ein ertrinkendes Kind! Sekunden später zieht er mich hoch. Mein Geist ist benommen, mein Gesicht blau verfärbt. Doch ich bin gerettet und zutiefst dankbar, dass ich wieder nach Hause zu meinen Eltern darf.

Konfirmation – „Ist jemand in Christus, so ist er eine neue Kreatur.“ (2. Korinther 5,17) So lautet mein Konfirmandenspruch. Unverständlich wie eine Fremdsprache. Wie kann mein Pfarrer mir so etwas antun! Mein Herz versteht nichts, rein nichts. – Ein Jahr später. Ich sitze im Kreis junger Menschen.

Sie singen christliche Lieder, sprechen über die Bibel, beten. Mir wird es warm ums Herz. – Zwei Monate später. Auch ich singe Lieder. Auch mich hat das Evangelium gepackt. Auch ich bete. Was ist passiert? Gott hat mich wahrgenommen in meiner Sehnsucht nach ihm, im quälenden Gewissen, in meinem Hunger und Durst nach Lebenserfüllung. „Schaffe in mir, Gott, ein reines Herz und gib mir einen neuen, gewissen Geist!" (Psalm 51,12) So bete ich immer wieder. Und Gott erhört mein aufrichtiges Gebet. Ich beginne zu begreifen, dass ich Jesus brauche, seine Vergebung und seinen Frieden. Da dämmert es mir: Jetzt verstehe ich meinen Konfirmandenspruch!

England – Es ist höchste Zeit, die Welt kennenzulernen. In Basel besteige ich den Nachtzug. Ich niste mich ein. Der Schlaf übermannt mich. Plötzlich ein Ruck. Ich erwache. Schrilles Pfeifen: Wir befinden uns in Paris. In Calais schiffe ich mich zur Kanalüberfahrt ein. Die See ist bewegt. Mir wird ganz mulmig, zum Sterben schlecht. Seekrank ... Da leuchten plötzlich Worte in meiner Seele: „Alle Heiligen sind in meiner Hand." Diese Worte kommen von Gott. Er hält und tröstet mich. – London, andere Länder, andere Sitten. Aus allen fünf Kontinenten sieht man Gesichter. Mit Fleiß und Interesse lerne ich Englisch. Ich lebe im geschützten Raum einer Familie. Und meine Heimat? Was bedeutet sie mir? Viel! Dort habe ich meine Wurzeln. Dorthin will ich zurück, denn Gott hat eine Aufgabe für mich bereit. Nach einem Jahr packe ich den Koffer. „Was? Am 13. wollen Sie reisen, an einem Unglückstag?" Ist doch Aberglaube, ich bin in Gottes Hand! So besteige ich am 13. das Flugzeug. Es ist ein wunderbarer Herbsttag. Am Flughafen Zürich erwartet mich mein Vater. Er schließt mich in seine Arme. Ich bin wieder daheim!

Mit 23 Jahren wage ich den Schritt in eine Schwesterngemeinschaft.

Identität – Gott hat dich geschaffen als Original, nicht als Kopie. Niemand sonst hat deine Gesichtszüge, dein Lachen, deine Gedanken, deinen Gang, deinen Charakter, dein Naturell. Was, wenn dich die andern geringschätzen, wenn sie auf dich herabschauen? Wenn sie dich zwingen wollen, zu denken und handeln wie sie? Dann lass sie reden, lass sie stehen, bleibe du selbst! Wir Menschen sind keine starren Wesen. Wir wachsen und werden. Wir entwickeln und entfalten uns auf der Suche nach unserer Bestimmung, nach unserer Identität. Keiner braucht den andern zu kopieren, sonst sind wir keine Originale mehr. Persönlichkeiten sollen wir sein. Ich bin ICH – du bist DU. Nur so sind wir echt, einzigartig und schön. Nur so hat uns der Schöpfer gewollt.

ERI

Bibelvers

Psalm 139,14

Herr, ich danke dir dafür, dass du mich so wunderbar und
einzigartig gemacht hast! Großartig ist alles,
was du geschaffen hast – das erkenne ich!

Die Schale

HERR
Mein Leben ist eine offene Schale,
dir zugewandt,
bereit für dich!
Lege du hinein *an Freude*,
was ich nötig habe;
und es ist gut!
Es soll mich dankbar machen.
Dich nur will ich sehn,
dann bin ich glücklich!

HERR
Mein Leben ist eine offene Schale,
dir zugewandt,
bereit für dich!
Lege du hinein *an Schmerz*,
was ich nötig habe;
und es ist gut!
Es soll mich reifen lassen.
Dich nur will ich sehn,
dann bin ich glücklich!

HERR
Mein Leben ist eine offene Schale,
dir zugewandt,
bereit für dich!
Lege du hinein *an Liebe*,
was ich nötig habe;
und es ist gut!
Es soll mich liebevoll machen,
verständnisvoll und gütig.
Dich nur will ich sehn,
dann bin ich glücklich!

HERR
Mein Leben ist eine offene Schale,
dir zugewandt,
bereit für dich!
Lege du hinein,
was ich nötig habe,
was du nur willst;
und es ist gut!
Es soll mich dir ähnlich machen.
Das ist die letzte Erfüllung,
dann bin ich glücklich!

Penelope

Eine ungewöhnliche Salbung

Es war, als hätte die Welt ihre Farben verloren. Die Musik in meinem Herzen war verstummt und eine tiefe Angst hatte mich ergriffen, dass die anderen mein Leid nicht verstehen könnten. Mein erster, sehr geliebter Hund war für immer eingeschlafen und ich, als Single, trauerte wie um ein Familienmitglied. Würde das meine Gemeinde verstehen? Morgen war Sonntag. Würde sich jemand an meinem Kummer stören?

Ich sehnte mich nach der Geborgenheit und dem tiefen Vertrauen, das mir dieser Hund geschenkt hatte. Meine Gebete waren ungeordnet; lose ausgesprochene, aber ehrliche Momentaufnahmen. Dennoch fühlte ich mich nicht verlassen. Ich fühlte mich Gott sehr nahe, trotz dieser bleiernen Schwere, dieser tiefen Trauer.

Als ich im Gottesdienstraum Platz genommen hatte, sah ich Anna, ein dreijähriges Mädchen, das mir sehr ans Herz gewachsen war. Unsere Blicke trafen sich. Unvermittelt kam das jähe Bedürfnis, das Kind zu umarmen, doch ich blieb ruhig sitzen.

Plötzlich, ein Stoßgebet später, steuerte die Kleine auf mich zu „wie abgemacht". Spontan, ohne Bitte!

Anna setzte sich auf meinen Schoß und lehnte den Kopf an meine Schultern. So verharrte sie lange, sehr lange. Meine kalten Hände wurden warm. Ich genoss den Moment und staunte über die tiefe Ruhe, die dieses Kind verbreitete. Etwa in der Mitte des Gottesdienstes kam eine kleine Unruhe auf und ich ließ Anna sofort los. Auf keinen Fall wollte ich sie bedrängen und festhalten. Das Faszinierende war: Wir hatten bis dahin kein Wort gesprochen, es war eine stille Kommunikation zwischen uns, die Worte nicht fassen.

Anna kehrte zu meiner Überraschung bald zurück. Und sie hatte sich etwas geholt: eine Handcreme. Die Kleine schraubte die Tube umständlich auf, nahm etwas Creme und strich sie auf meine Hände.

„Salben." Das war alles, was sie sagte.

Das machte sie dreimal. Dann strahlte sie übers ganze Gesicht und hüpfte davon. Ich war zutiefst berührt. Ich hatte soeben erlebt, dass mir Gott durch ein Kind einen Segen ausgesprochen hatte. Es war, als ob mein trauerndes Herz einen Verband umgelegt bekommen hätte, als ob die verloren geglaubte Musik tief in mir wieder sanft zu klingen begann. In meine Augen stiegen Tränen der Dankbarkeit. Ich werde diese Geschichte nie vergessen. Keine Karte, keine Worte waren so unglaublich direkt ins Herz geschenkt wie diese Begegnung mit einem dreijährigen Kind, das Kanal für die Liebe Gottes sein durfte. Was für ein Geschenk!!

Timea

Bibelvers

Matthäus 19,14-15

Jesus sagte: „Lasst die Kinder zu mir kommen
und haltet sie nicht zurück, denn Menschen wie ihnen gehört
Gottes himmlisches Reich.“
Er legte ihnen die Hände auf und segnete sie.

Meditation

Der HERR segne dich und behüte dich.
Der HERR schütze dich und beschirme dich.

Der bei dir ist und für dich,
bewahre und begleite dich,
berühre und beschenke dich.
Er sei für dich da.

Der bei dir ist und für dich,
beachte und erhöre dich,
besuche und begrüße dich.
Er sei für dich da.

Der bei dir ist und für dich,
führe und leite dich,
halte und erhalte dich.
Er sei für dich da.

Der bei dir ist und für dich,
erbarme sich, umarme dich,
trage und tröste dich.
Er sei für dich da.

Der bei dir ist und für dich,
fülle und erfülle dich,
begegne dir, vergebe dir.
Er sei für dich da.

Der HERR segne dich und behüte dich.
Der HERR schenke dir seinen Frieden.

sh

Eine Liste zum Danken

Ich bin inzwischen 60 Jahre alt. Je älter ich werde, desto bewusster wird mir, wie viel Grund ich zum Danken habe. Mein Leben ist trotz aller Höhen und Tiefen ein unverdientes Geschenk von Gott. So darf ich auch immer mehr von einem Leben, das unter ständigem Leistungsdruck steht, in ein von Gott befreites Leben hineinwachsen.

Dankbarkeit ist eine Entscheidung, eine Grundhaltung, die innerlich viel Ruhe und Frieden mit sich bringt. Danken steht in engem Zusammenhang mit Denken. Sind meine Gedanken nur auf meinen Mangel ausgerichtet, entstehen Unzufriedenheit, Neid und Eifersucht in meinem Herzen. So ist es ganz wichtig, dass ich mich nicht von meinen negativen Gefühlen beherrschen lasse, sondern dass ich immer wieder bewusst meine Gedanken auf Gottes unermessliche Güte ausrichte! Ich schaue weg von mir selber auf ihn hin. Er will Mittelpunkt meines Lebens sein.

Danken ist eine wunderbare Kraftquelle, zu der ich nur Zugang bekomme, wenn ich mich regelmäßig darin übe. Ich habe vor längerer Zeit angefangen, Gott täglich wenigstens für zehn Dinge zu danken. Durch Dankbarkeit wird mein Herz mit Freude und Frieden erfüllt. Eine gesunde Seele braucht vor allem ein dankbares Herz.

Es kommt auch heute noch sehr auf meine Blickrichtung an, wenn ich überlege, wie es mir geht. Schaue ich nur auf das, was mir vermeintlich fehlt, oder blicke ich auf das Gute, das mir in meinem Leben geschenkt wurde? Klage ich über das Alleinsein oder freue ich mich über meine Unabhängigkeit und Möglichkeit zur Selbstbestimmung? Klage ich, nicht in die Ferien fahren zu können, oder genieße ich die freie Zeit in meiner schönen Wohnung?

Sehe ich überhaupt, dass Gott mich täglich versorgt? Ich habe mehr als genug. Ich kann davon sogar noch verschenken und werde komischerweise nicht ärmer, sondern zufrieden und reich beschenkt. In meinem Alltag werde ich immer wieder von Gott überrascht. Ich bin eine reich Beschenkte – unverdientermaßen! Ich darf mein Leben genießen, auch wenn ich mir vieles anders gewünscht hätte.

Manchmal fällt mir das Danken leicht; manchmal werde ich schon frühmorgens so abgelenkt, dass ich gar keine Zeit zum Danken habe. Doch während ich dann zu Fuß zur Arbeit gehe, rede ich mit meinem himmlischen Vater. In der Natur draußen fällt es mir einfacher, Gemeinschaft mit ihm zu pflegen. Hier kommt das Danken spontaner über meine Lippen. Ich darf voller Zuversicht in den Tag hineingehen und ich weiß, dass er alles in seiner Hand hat und mit mir ist.

Dankbar sein auch für jede Last, die ich trage, erlebe ich als eine große Herausforderung. Doch ich will es lernen, Gott auch für das Schwere in meinem Leben „Danke" zu sagen. Ich will für das danken lernen, über das ich mich bis jetzt beklagt habe, so wie es in 1. Thessalonicher 5,18 heißt: „Vergesst auch nicht,

Gott für alles zu danken. Denn das erwartet er von seinen Kindern." Dies ist mein tägliches Übungsfeld, zum Beispiel: Dass ich seit mehr als zwanzig Jahren ungewollt alleinstehend bin. Dass ich Verwandte habe, die Gott den Rücken zukehren. Dass ich eine Chefin habe, die dem ganzen Team das Leben schwer macht. Dass ich in Sachen Arbeit momentan nicht weitersehe. Dass ich wegen eines Bandscheibenvorfalls Schmerzen im Bein habe ... Es klingt seltsam, wenn ich für solche Dinge „Danke" sage. Doch ich habe die Erfahrung gemacht, dass meine Schmerzen und Nöte dadurch leichter zu ertragen sind. Ich bin mir bewusst, dass Gott mitträgt und meinen Glauben stärkt. Mir fällt das Bild eines Diamanten ein: Unter großem Druck entsteht etwas sehr Kostbares. So gesehen versuche ich, den Prozess des Geschliffen-Werdens immer wieder in Dankbarkeit durchzustehen.

Was habe ich doch für einen wunderbaren, großartigen Versorger, Heiler und Vater! Er kümmert sich bis ins letzte Detail um mich. In so vielen Situationen in meinem Leben habe ich sein Durchtragen erfahren. Einige Beispiele im Großen und im Kleinen, in schweren Zeiten oder im ganz normalen Alltag will ich hier nennen:

- Während meiner Lehrzeit war ich für eine Augen-Operation angemeldet. Bei der letzten Untersuchung vor der Operation konnte nichts mehr gefunden werden. Ein Wunder!

- Als ich während meiner zweiten Schwangerschaft fünf Monate im Krankenhaus die meiste Zeit liegen musste, trug Gott mich buchstäblich bis zur Geburt des Babys durch. Er gab mir täglich die nötige Kraft und Geduld, auszuhalten. Ich fühlte mich während dieser Wochen von ihm besonders umsorgt. Zwei Bibelverse begleiteten mich in dieser

Lebensphase: „Er wird dich behüten wie eine Henne, die ihre Küken unter die Flügel nimmt. Seine Treue schützt dich wie ein starker Schild" (Psalm 91,4) sowie aus Psalm 139,5: „Von allen Seiten umgibst du mich und hältst deine schützende Hand über mir."

- Sehr dankbar bin ich für meine schöne, helle Wohnung in einem Wohnblock, in der ich mich wohlfühle. Ich freue mich über jeden Sonnenstrahl, über das Spiel der Wolken etc.

- Auch danke ich, dass ich eine gute Gemeinde habe und dort Christen begegnen darf, die mir wichtig sind und denen auch ich wichtig bin. Es ist ein gegenseitiges Tragen im Gebet.

- Kürzlich regnete es wie aus Kübeln. Da ich vollbepackt und ohne freie Hand für einen Schirm zum Bus gehen musste, betete ich, dass der Regen aufhören möge. Und siehe da – kein Tropfen fiel, bis ich im Bus saß!

- Häufiger habe ich es schon erlebt: Wenn ich kaum weiß, wie ich all die Termine bewältigen soll, fällt plötzlich etwas aus und ich bekomme Zeit, um tief durchzuatmen und wieder zur Ruhe zu kommen.

- Während einem anstrengenden Schultag werde ich spontan von einer Freundin zum Mittagessen eingeladen.

- Vor Kurzem saß ich als Beifahrerin in einem Auto und wurde in einen leichten Auffahrunfall verwickelt. Bewahrung pur! Nur wenige Tage Schwindel, danach war ich wieder beschwerdefrei.

- Im Supermarkt wollte ich mein Lieblingsbrot kaufen. Ich sah keines mehr im Gestell. Als ich mich bückte, erspähte ich ganz hinten „mein“ Brot. Es hatte sich für mich extra hinter einem größeren Brot versteckt. So kleine Sachen bringen mich innerlich zum Jubeln und zum Tanzen.

- Im vergangenen Sommer machte ich eine wunderschöne Wanderung. Fast vor der Haustüre fiel ich aus mir unerklärlichen Gründen hin. Zwei Tage später hatte ich starke Schmerzen und konnte fast nicht mehr atmen, sodass ich zum Arzt ging. Diagnose: zwei gebrochene Rippen. Da ich Nachtwache in einem Pflegeheim mache, bedeutete dies eine Auszeit von fünf Wochen. Die ersten drei Wochen waren durch extreme Schmerzen belastet. Trotzdem fing ich an zu danken, da ich Gottes Plan dahinter entdeckte. Ich hätte nämlich während sieben Tagen fünf Nächte arbeiten müssen. Dies wäre eine ziemliche Überforderung gewesen, zumal ich tagsüber noch in der Schule mithelfe.

- Jedes Mal, bevor ich zur Nachtwache gehe, danke ich Gott, dass er mitkommt, wenn ich allein für die älteren Menschen zuständig bin. Er hat es in seinem Wort verheißen: „Fürchte dich nicht, denn ich bin bei dir; hab keine Angst, denn ich bin dein Gott! Ich mache dich stark, ich helfe dir, mit meiner siegreichen Hand beschütze ich dich!“ (Jesaja 41,10) Kürzlich war ich vor Arbeitsbeginn sehr unruhig und wäre am liebsten zu Hause geblieben. Ich suchte mir eine Predigt im Internet und stieß auf den Titel „Immanuel“. Ich wurde dadurch so reich beschenkt und ermutigt, dass ich anschließend ruhig und gelassen auf die Nachtwache ging in dem Wissen: „Immanuel – Gott mit mir!“

- In meinem Leben durchlief ich einige schmerzhafte, nicht gewollte Abschnitte. Mit zwei kleinen, häufig kranken Kindern fühlte ich mich oft belastet und am Limit, aber Gott half mir immer wieder auf und gab mir genügend Kraft, um nicht zu versinken, sondern durchzuhalten. Er war mit dabei und ließ mich nie im Stich. Einfach großartig!

- Ich durfte während der letzten Jahre lernen zu vergeben und loszulassen und konnte danach anfangen, für diese ungewollten Situationen zu danken. Dies war ein sehr schwieriger Prozess. Er kostete mich viele Tränen und oft war ich dabei, aufzugeben. Doch nun weiß ich, dass Gott auch daraus Wertvolles machen kann. Er bleibt treu.

Momentan weiß ich nicht, ob ich im Sommer wieder Arbeit haben werde. Trotzdem vertraue und hoffe ich auf das wunderbare Handeln meines Vaters im Himmel. Er weiß, dass ich auf einen Verdienst angewiesen bin. So will ich ihm heute schon danken, dass er mir das Richtige gibt, auch wenn ich davon jetzt noch nichts sehe.

Ich bin mit meinem Gott täglich in großer Dankbarkeit unterwegs. Preis sei ihm allein!

Trisse

Bibelvers

Psalm 50,23

Wer mir dankt, der bringt damit ein Opfer, das mich wirklich ehrt. Er macht den Weg frei, auf dem ich ihm Rettung bringe!

Meditation

Öffne dich, Mensch!

Öffne deine Augen und sieh,
was Gott alles tut und wirkt,
wie Gott hilft und schützt,
wo Gott in dir und deinem Leben
gegenwärtig ist.

Öffne deine Ohren und höre
die Worte des Lebens,
die um dich herum und in dir klingen:
Trost, Ermutigung, Zuspruch ...
Höre Gottes liebendes JA –
Tag für Tag gegenwärtig.

Öffne deinen Mund
und sprich von den Wohltaten Gottes
in deinem Leben!
Schweige nicht.
Sprudle über von der Güte
und Gegenwart des Herrn.

Öffne dein Herz und lass ihn ein,
den Gott des Lebens.
Gib ihm Raum und lass ihn in dir leben und wirken
mit seiner Fülle.

Öffne deine Hände,
lass sie füllen mit Gottes Gaben
und gib den Segen weiter.
Öffne dich, Mensch, so wie du bist,
für ihn, das Leben!

sh

Auf der Suche nach dem Sinn des Lebens

„Wozu kam ich in diese Welt? Was ist der Sinn meines Lebens?" Diese Fragen beschäftigten mich schon früh in meiner Kindheit. Im Kindergarten und in den ersten Schuljahren war ich immer wieder die Zielscheibe einiger Jungs, die ein Opfer für ihre Schlägereien suchten. Mein Anderssein, das sich durch meine angeborene Hörbehinderung zeigte, war wohl der Grund, dass ich von ihnen ausgewählt wurde.

In dieser für mich schlimmen Zeit entstand in unserem kleinen Dorf eine Sonntagsschule. Dort lernte ich viele biblische Geschichten und Kinderlieder. So freute ich mich Sonntag für Sonntag auf diese Stunde. Ich liebte diesen Gott und wollte ihm mit meinem Leben gefallen, doch ich musste immer wieder feststellen, dass ich es nicht schaffte so zu leben, wie ich es eigentlich wollte. Dies führte bei mir zu großen Spannungen und ständiger Niederlage. In der Pubertät wurde die Frage nach dem Lebenssinn noch größer. Die Sehnsucht nach Gott, mein „Anderssein" durch die Hörbehinderung und die Einsamkeit brachten mich an den Rand der Verzweiflung.

Mit 16 Jahren flüchtete ich mich ins Welschland (die französischsprachige Schweiz). Meine Probleme wurden mit der Fremdsprache aber noch größer. Suizidgedanken nahmen in meinem jungen Leben bedrohliche Formen an.

In dieser dunklen Zeit erreichte mich an meinem Arbeitsort eine Einladung zu einem Abendtreff vor Ort, extra für Deutsch sprechende Schweizer gedacht. Mir ging es so elend, dass ich mich dazu überwand, einen solchen Abend zu besuchen.

Eine junge Frau empfing mich herzlich. Sie strahlte eine unglaubliche Liebe und Wärme aus. Bald schon sollte ich erfahren, was dahintersteckte. Es gab einen kleinen Imbiss. Während dieser Zeit redete unsere Gastgeberin immer wieder von Gott und Jesus, als wären sie ihre ständigen Begleiter. Mit Gitarre sang sie uns christliche Lieder vor und lud uns ein, mitzusingen. Anhand der Bibel zeigte sie uns, wer Gott ist und was er aus Liebe zu uns und für jeden ganz persönlich getan hat. Er ließ seinen geliebten Sohn Jesus Christus für unsere Schuld am Kreuz sterben. Damit wurde die Himmelstür geöffnet und ermöglichte uns Zugang und Gemeinschaft mit Gott.

Diese Botschaft traf mich. Mir fiel es wie Schuppen von den Augen. Wieder zu Hause in meinem Zimmer kniete ich vor meinem Bett nieder und bat diesen Jesus, in mein Leben zu kommen. Ich wollte, dass er ab jetzt das Regiment in meinem Leben übernehmen und mich nach seinem Willen führen und leiten sollte.

Eine unbeschreibliche Freude erfüllte mein Leben. Meine schweren Lasten musste ich nicht mehr allein herumtragen. Ich lernte mit der Zeit mehr und mehr, alles an Jesus abzugeben, und fand dabei Geborgenheit, Freiheit und tiefen Frieden. Er war meine Hoffnung. Dieser Jesus, Gottes Sohn, wurde für mich eine reale Begleitperson. Ich spürte die Gewissheit, dass er mich über alles liebt, so wie ich bin, und immer und überall bei mir ist.

Mehr als vierzig Jahre sind seit dieser Begegnung mit Gott vergangen. Schönes, aber auch viel Schweres liegen seither hinter mir. Doch Gottes Liebe und Treue blieb immer dieselbe. Seine starke Hand ließ mich noch nie los. Sie hält mich fest und führt mich bis zum heutigen Tag. Er hält, was er verspricht; er ist und bleibt treu!

MW

Bibelvers

1. Petrus 5,7

Ladet alle eure Sorgen bei Gott ab, denn er sorgt für euch.

Ich lebe!

Leise erwacht der Morgen –
Licht bahnt seinen Weg
und durchflutet den neuen Tag.
Nacht und Dunkelheit werden zu nichts.
Leben regt sich
erst langsam, zaghaft,
dann immer schneller.
Der Friede des Morgens
verwandelt sich in Betriebsamkeit und Eile.

Doch der Friede in meinem Herzen bleibt.
Deine Ruhe tut mir wohl.
Ich stehe vor der Weite des Tages
und freue mich am Leben.
Tief atme ich die Freiheit
und jauchze wie ein Kind.
Die Freude von dir und an dir
macht mich lebendig.
An deiner Hand fühle ich mich sicher, Gott,
an deinem Platz für mich.
Ich **lebe** –
ich lebe!

sh

Gottes liebevoller Händedruck

Am Ziel angekommen! Nach zwei Stunden Autofahrt komme ich in dem Freizeithaus, meiner zweiten Heimat, an.

Drei Auszeittage liegen vor mir: Ruhe. Ausspannen. Spazieren. Mein größter Wunsch aber ist es, Ruhe in der Gegenwart Gottes zu finden und etwas Klarheit in meine vernebelten und unruhigen Gedanken zu bekommen.

Ich beziehe mein Zimmer im oberen Haus, es liegt direkt unter dem Dach zur Tal- und Bergseite. Seit vierzig Jahren kenne ich diesen Ort schon. Über die gewaltige Aussicht, die man hier zu sehen bekommt, staune ich immer wieder neu und werde erfüllt mit Ehrfurcht und Dankbarkeit für den allmächtigen Schöpfer.

Es ist Sonntagmorgen. Der Ausblick aus dem Fenster lässt meine schwermütige und sorgenbeladene Stimmung leichter werden. Dicker Nebel liegt über dem Tal unter uns und umhüllt die bewaldeten Berghügel. Auch unser Haus ist davon umgeben. Dieses Wetter, so denke ich, wird es mir wohl leichter machen, im Zimmer zu bleiben und mich zum Beten und

Bibellesen zurückzuziehen. Ich sehne mich ja nach einer tiefen Beziehung mit meinem Vater im Himmel.

So vieles will ich mit ihm besprechen. Viele Fragen, Nöte und Baustellen in meinem Leben gleichen diesem unschönen und grauen Nebel, der jede klare Sicht verdrängt hat.

Ein Gedanke steigt in mir hoch – oder ist es die Stimme Gottes, die zu mir spricht?

„Marianne, was liegt im Tal unter diesem Nebel?"

Klar doch! Vor meinem inneren Auge sehe ich das mir bekannte Dorf.

„So glaube doch meinen Verheißungen, die ich dir immer wieder gebe. Vierzig Jahre Wegstrecke liegen hinter dir, die du schon mit mir gehst. Habe ich dich jemals alleingelassen? Glaube und danke!"

Ich lasse mich von Gottes Wort und dem Gebet einnehmen, bis es Zeit zum Essen ist. Zuvor lasse ich meinen Blick aber nochmals aus dem Fenster schweifen und traue meinen Augen nicht. Das Tal und das Dorf liegen deutlich erkennbar vor mir. Nur an den Berghügeln entlang sind noch einige Nebelschwaden zu sehen, die gerade abziehen. Die Sonne versucht schon durch die Wolken zu drücken und zu grüßen. Diese Veränderungen sind in nicht einmal einer Stunde vor sich gegangen!

Wieder diese Stimme: „Siehst du, was ich kann? Glaube und danke!"

Diesmal fließen bei mir die Tränen. Was habe ich doch für einen treuen und liebenden Vater!

Den ganzen Tag hindurch muss ich immer wieder an dieses Ereignis und an diese Stimme denken. Immer wieder gebe ich meine schweren und sorgenvollen Gedanken Gottes Verheißungen hin und danke so lange dafür, bis der Friede Gottes mich ganz erfüllt. Übung macht den Meister!

Die Krönung des Tages aber wartet noch auf mich: Es ist später Nachmittag. Ein einmaliges Wetterspiel ist zu beobachten. Sonne und Regen wechseln sich ab. Dazu gesellt sich ein Regenbogen in einer Größe und Intensität, wie ich es selten gesehen habe. Meine Gedanken wandern in die Vergangenheit, wo ich in schwierigen Situationen immer wieder einen Regenbogen zu sehen bekam. Auch da vernahm ich oft diese Stimme: „Dies ist ein Zeichen meines Bundes, den ich mit dir gemacht habe, Marianne. Ich habe dich bei deinem Namen gerufen. Du bist mein."

Nun ist sie wieder da: Diese Stimme und der liebevolle Händedruck Gottes.

Die Tränen fließen. *Danke, Vater!*

Marianne

Bibelvers

1. Mose 9,12-17

Und Gott sprach zu Noah: „Diesen Bund schließe ich mit euch
und allen Bewohnern der Erde, immer und ewig will ich dazu
stehen. Der Regenbogen soll ein Zeichen für dieses
Versprechen sein.
Wenn ich Wolken am Himmel aufziehen lasse und der
Regenbogen darin erscheint, dann werde ich an meinen Bund
denken, den ich mit Mensch und Tier geschlossen habe:
Nie wieder eine so große Flut! Nie wieder soll alles Leben
auf diese Weise vernichtet werden!
Ja", sagte Gott, „diese Zusage gilt für alle Zeiten,
der Regenbogen ist das Erinnerungszeichen.
Wenn er zu sehen ist, werde ich daran denken."

Mein Leben ist voller Gott!

Mein Leben ist voller Gott,
voll von seiner Güte
vom Morgen bis zum Abend.

Jeder Atemzug haucht mir Leben ein;
jeder Luftzug ein Streicheln des Himmels;
jeder Augen-Blick Zeit in Gottes Hand;
jeder Augen-Aufschlag ein Erkennen
von Gottes Schöpferkraft.

Jeder Morgen Geschenk neuen Lebens;
jeder Lichtstrahl Ermutigung für den nächsten Schritt auf
meinem Weg;
jeder Regenbogen Zeichen der Hoffnung, nicht aufzugeben;
jeder Schritt zeigt mir, dass ich nicht allein unterwegs bin,
dass du mir Weggefährte und Freund bist, der mit mir kommt;
jede Begegnung lädt zur Freude ein ...

sh

Das brennende Herz

Mein Balkon ist eine Fundgrube von Schätzen verschiedenster Materialien und Epochen, die ich mehrmals im Jahr mit meinem heiß geliebten Hauswurz bepflanze. Manch schöne Basar-Erinnerung oder manches Kirchenfest klingt da an.

Doch irgendwann kommt die Zeit für etwas Neues. Das heißt, Altes loslassen. Und so begann ich kurz vor Ostern, einige dieser Schätze zu entsorgen. Bis ich auf einmal ein hölzernes Herz – sehr grob geschnitten – in den Händen hielt. Seine Rauheit verbarg auch eine Schönheit. Das Herz war von meinem Vater angefertigt worden. Zu grob, ich hatte es nie verwendet. Irgendwie stand es symbolisch für eine nie geklärte Vater-Kind-Beziehung. Ich überlegte, ob ich es einfach in einem Müllsack verschwinden lassen oder noch ein letztes Mal bewusst auf einen Gebetsweg mit diesem hölzernen gesprungenen Herzen gehen sollte. Ich entschied mich, der Trauer Raum zu geben, denn die nie mehr geordnete Vater-Kind-Beziehung nagte gerade an Ostern wieder tief wie eine Wunde. Ich wanderte mit dem Holzherzen zum Grillplatz im nahen Wald. Doch es gelang mir nicht, es zu entzünden. Schließlich goss ich etwas Brennpaste in die Öffnung.

Und da geschah Erstaunliches: Anstelle eines lichterlohen Brandes stand vor mir eine Osterkerze. Ihre Flamme war ganz ruhig, als ob sie selbst Worte des Gebetes ausdrücken wollte. Ich war so berührt und völlig geborgen in einem Moment des Friedens und Staunens, wo gerade noch eine Mischung aus Trauer und Wut mit einer Prise Hass und viel Unverständnis geherrscht hatte. Wortlos kehrte Ruhe in mein eigenes Herz ein. Schließlich nahm ich die Kerze – das Herz, das außen immer noch die Holzstruktur hatte und nur innen brannte – und stellte es unten in die Asche. Ich musste weiter ... ganz sanft.

Etwas Heiliges oder Heilendes war gerade geschehen, aber es gab noch keine Worte dafür.

Abends kehrte ich zum Grillplatz zurück. Das Herz hatte mir keine Ruhe gelassen. Wie sah es jetzt wohl aus? Würde ich es in der Aschestruktur wiedererkennen? Ich machte mich auf den Weg und hörte ein Lied in meinem Herzen klingen. Zuerst nur drei Worte: „Kind", „verzehrt sich" ... Ich kannte die Worte dieses Liedes nicht, doch ich stieg den Berg zum Grillplatz hoch, während ich unablässig betete. Immer mehr Worte kamen dazu. Mein Herz fing Feuer! Ich betete leidenschaftlich. Ich spürte eine Leichtigkeit in meinen Beinen, die eigentlich untypisch war für diesen Abend. Und dann stand ich vor dem Grill. Das Herz sah noch genauso aus, wie ich es verlassen hatte. Scheinbar hatte jemand die Flamme gelöscht. Ich war weder beunruhigt noch enttäuscht, sondern einfach fragend und horchend. Ich ging betend weiter, Worte, die ich kaum benennen kann und immer als Grundstimme dieses Lied ...

Und es war genau bei der Wegkreuzung, da kamen die ganze Melodie und die Worte in mein Herz. Es war das Lied aus Taizé, „Bei Gott bin ich geborgen", dessen Worte sich in etwas abgeänderter Form in mein Herz brannten. Die Tränen flossen, als ich begriff: „Bei dir bin ich geborgen, still, wie ein Kind. Bei dir ist

Trost und Heil. Ja, hin zu dir verzehrt sich meine Seele, kehrt in Frieden heim."

Die Dankbarkeit, die mein Herz durchflutete, war überwältigend. Es bedurfte keiner Worte mehr. Ich stand vor meinem himmlischen Vater und wusste: „Es wird gut. Es ist gut. Schon jetzt. Es ist Ostern!"

Das Holzherz meines Vaters hat nicht umsonst gebrannt. Dieses Erlebnis, diese Gottesbegegnung war ein Stück auf dem Weg der Heilung.

Mirjam

Bibelvers

Psalm 131

HERR, ich bin nicht hochmütig und schaue nicht auf andere herab. Ich strecke mich nicht nach Dingen aus, die doch viel zu hoch für mich sind.
Ich bin zur Ruhe gekommen, mein Herz ist zufrieden und still.
Wie ein kleines Kind in den Armen seiner Mutter, so ruhig und geborgen bin ich bei dir!
Volk Israel, setze deine Hoffnung auf den HERRN, jetzt und für alle Zeiten!

Es darf sein

Es darf sein
so wie es war
so wie es ist
so wie es wird
so wie es sein wird

Es darf sein
mit allen Sehnsüchten und Wünschen
mit allem Verborgenen und Schlummernden
mit meinen Wegen durchs Leben zum Ziel
mit mir
mit allen Gefühlen und Tränen
mit jedem Ja und jedem Nein

Es darf sein
mit meinem Gelingen und Versagen
mit meinem Wissen und meinen Fragen
mit meinem Tun und meinem Ruh'n
mit meinen Gaben und meinen Grenzen

Es darf sein
mit mir –
was nach außen sichtbar ist
was noch im Verborgenen weilt
mit meinem innersten Kern

Es darf sein mit mir
so wie ich bin
Ich darf sein
so wie ich bin
Ich darf
Ich darf sein
Ich darf ich sein

DU lässt mich sein, Gott
die ich war
die ich bin
und die ich werde

Du siehst mich an
wie ich wirklich bin
begleitest mich mit deinem Blick
der Liebe spricht

DU lässt mich sein
DU lässt mich
DU lässt
DU Gott

Durch dich war ich und bin ich und werde ich.
Dein war ich, dein bin ich, dein bleibe ich!

sh

Gottes wunderbare Führung

Vor gut zehn Jahren kam ich mit meinen körperlichen und seelischen Kräften stark an meine Grenzen. Der Tod meiner Mutter traf mich völlig unvorbereitet. Als das in jenem Spätherbst geschah, war ich nach einer umfangreichen Renovierung meiner Wohnung erschöpft und am Ende meiner Nerven gewesen. Ein paar Tage danach teilte mir meine Arbeitskollegin mit, dass sie ihre Praxis auf den 1. September des folgenden Jahres aufgeben wollte. Ich hatte mit ihr zusammen die Räumlichkeiten als selbstständige Physiotherapeutin geteilt. Plötzlich war auch meine Lebensexistenz infrage gestellt.

Das alles zusammen brachte mich an meine persönlichen Grenzen, sowohl körperlich als auch psychisch. Ich klagte Gott, dass ich jetzt nichts Weiteres mehr ertragen könne. Ich verbrachte viel Zeit im Gebet und fragte Gott, was er mit mir und all den Unsicherheiten wollte. Sollte ich mich beruflich anders ausrichten, mich mehr diakonisch engagieren? Wollte er mich persönlich weiterführen? Oder wollte er mich prüfen? Lange hatte ich darauf keine Antwort.

Ende Januar wurde ich von unserem Pastor angefragt, ob ich wieder bei dem geplanten zehnwöchigen Glaubenskurs mithelfen würde. Eigentlich sah ich mich in Anbetracht meiner aufgebrauchten Kraftreserven nicht dazu in der Lage, doch auch diese Anfrage brachte ich im Gebet vor Gott. Ein paar Tage später hatte ich die Gewissheit, dass ich mich doch einbringen sollte. So arbeitete ich während der Woche und bereitete mich jeweils am Sonntag auf den Glaubenskurs vor. Dabei durfte ich erfahren, dass die Beschäftigung mit Gott und seinem Wort mir den Sonntag zu einem Auftank-Tag, zu einer Kraftquelle machte. Mir wurde so viel Ermutigung geschenkt, dass es für den Alltag wieder reichte.

Meine Stellensuche geriet in dieser Zeit in den Hintergrund und beschäftigte mich erstaunlicherweise nicht so stark, obwohl ich von meinem Charakter her Ungewissheit und „Sachen auf die lange Bank schieben" eigentlich gar nicht schätze. Dann scheiterte auch noch der Plan, allein oder mit anderen Physiotherapeutinnen zusammen die Praxis meiner Kollegin zu übernehmen.

So entschloss ich mich, nach dem Glaubenskurs und dem Scheitern meiner Zukunftspläne eine Woche Ferien in den Bergen zu verbringen, bevor ich dann intensiv auf die Suche nach einer neuen Arbeitsstelle gehen würde. Ich bat Gott darum, mir nach meinem Urlaub bei der Suche nach einer geeigneten Anstellung zu helfen, aber es sollte anders kommen ...

Jenen Montag, meinen ersten Ferientag, werde ich niemals mehr vergessen. Es war ein wunderschöner Frühlingsmorgen Ende Mai, als ich mich entschloss, auf eine Alp zu fahren und dort auf der Hochebene eine Wanderung zu machen. Zu Beginn der Wanderung war ich plötzlich so überwältigt von der Schönheit der Natur, von den majestätischen Bergen, dem plätschernden Bach, der vielfältigen Alpenflora, der wärmenden Sonne und dem Blau des Himmel, dass ich weinen musste. Ich wusste, dass Gott in seiner unendlichen Liebe das alles so wunderbar gemacht hatte. Gleichzeitig wurde mir bewusst, wie wenig ich Gott dafür entgegenbringen kann. Ich war voller Dankbarkeit Gott gegenüber und erlebte einen tiefen Frieden.

Aber es sollte noch besser kommen: Nach etwa einer Stunde Wanderung läutete mein Handy. Eine Physiotherapeutin, die um meine Stellensuche wusste, meldete sich. Sie erzählte mir, dass sie am Vortag eine Kollegin getroffen habe, die jemanden suchte, um zu 80 % selbstständig in ihrer Praxis zu arbeiten. Meine Kollegin hatte ihr von mir und meiner Stellensuche berichtet. Schließlich stellte sich heraus, dass diese Physiotherapeutin vor über zwanzig Jahren, als ich die Physiotherapie in einem Krankenhaus leitete, bei mir als Praktikantin geschnuppert hatte. Ich selbst war nicht unschuldig daran, dass sie später tatsächlich Physiotherapeutin geworden war!

Ich konnte es kaum fassen. Am selben Abend rief ich zurück und vereinbarte einen Termin nach meinen Ferien, um einen halben Tag lang bei ihr zu arbeiten und Näheres zu erfahren. So kam ich ohne großes Dazutun rechtzeitig zu meiner neuen, für mich perfekt passenden Stelle. Was für ein Geschenk Gottes!

Diese wunderbare Führung half und hilft mir immer wieder, in schwierigeren Zeiten an Gottes Liebe, Treue und Verheißung festzuhalten und ihm zu vertrauen.

IH

Bibelvers

Psalm 48,15

So ist Gott! Er ist unser Herr für immer und ewig;
allezeit wird er uns führen!

In dir sein

In dir sein
ist alles
die augen schließen
die augen
des herzens öffnen
eintauchen
in deine
gegenwart
ich vertraue mich
dir an
ich lege mich
in dich hinein
in deine hand
ich brauche nicht
zu reden
damit du hörst
du weißt
was mir fehlt
in dir sein
ist alles
was ich erbitte
was ich brauche
für zeit
und ewigkeit

Mein Herr
lass mich
eine kleine
regenpfütze
sein
die im schein
der aufbrechenden
sonnenstrahlen
deine herrlichkeit
deine liebe
deinen glanz
widerspiegelt

Penelope

Nichts ist unmöglich!

Nichts ist unmöglich! Kennen Sie noch diesen Satz aus der Werbung? Vor einigen Jahren machte der Autohersteller Toyota damit Schlagzeilen. Man mag zu Autos und zu Werbung stehen, wie man will – doch fest steht, dass dieser Slogan (verbunden mit einer beschwingten Melodie) sehr einprägsam und wirkungsvoll war. Selbst Jahre später denken wir bei diesem Ausspruch an die damalige Werbung zurück.

Nichts ist unmöglich! Davon bin ich felsenfest überzeugt und Gott dafür von ganzem Herzen dankbar. Dieser Satz ist nämlich nicht nur ein Werbespruch; dieser Satz ist im Laufe meines Lebens zu meiner Überzeugung geworden.

Nichts ist unmöglich! Im Rückblick stelle ich fest, dass diese Aussage schon auf die Umstände meiner Geburt zutreffen: Mit 23 Jahren lerne ich meine zukünftige Frau kennen. Eines Tages beschließen wir, dass sich unsere Eltern kennenlernen sollten. Der große Tag ist da. Unsere Familien begegnen sich.

Unsere beiden Mütter schauen sich erstaunt an.

„Ist das möglich?", sagt meine Mutter zur Mutter meiner Frau. „Wir kennen uns doch! Vor 23 Jahren teilten wir uns ein Zimmer in der Geburtsklinik."

Tatsächlich, wir können es kaum glauben! Meine Frau und ich sind beide im Dezember 1960 in der nordbayrischen Stadt Coburg geboren. Darum ist es meiner Frau und mir klar: Bereits bei unserer Geburt waren wir uns ganz nah. Unsere Mütter lagen Bett an Bett, Bauch an Bauch. Wie Gott das gefügt hat!

Nichts ist unmöglich! Das gilt auch in beruflicher Hinsicht.

Ich bin Pfarrer von Beruf. Im Alter von vierzig Jahren will ich mir eine neue Stelle suchen. Ein pensionierter Kollege weiß davon. Er flüstert mir deswegen eines Tages ins Ohr: *VISP*. Ich weiß noch genau, wie ich diesen Namen zum ersten Mal höre. Ich bin der Meinung, es sei eine Abkürzung. Im deutschen Pressewesen gibt es so etwas Ähnliches. V.I.S.d.P bedeutet: „Verantwortlich im Sinne des Presserechts“. Das muss in Deutschland auf Zeitungen und Zeitschriften stehen.

Doch ein Blick in den Atlas genügt, um festzustellen: Visp ist keine Abkürzung, sondern ein Ort im Wallis in der Schweiz. Genau dort ist eine Stelle frei. Ich schlage den Atlas zu und sage: „Unmöglich! Da war ich noch nie. Da will ich nicht hin. Das ist ja alles Hochgebirge. Das ist nichts für mich.“

Doch in den nächsten Tagen stoße ich immer wieder auf das Wallis. Ich schalte den Fernseher ein – es wird ein Bericht über Walliser Rettungsflieger gesendet. Ich schlage die Zeitung auf – und stoße auf einen Artikel über Walliser Raclette. Zur Entspannung hole ich mir eine Toblerone aus dem Kühlschrank – und entdecke darauf das Matterhorn. Diese unmögliche Stelle verfolgt mich. *In Ordnung*, denke ich. *Ich kann dort einmal unverbindlich anrufen*.

Ich kürze ab: Mittlerweile bin ich seit 16 Jahren im Wallis. Heute weiß ich, dass ich hier genau richtig bin. Hier kann ich mich entfalten, hier habe ich alle Freiheiten und Möglichkeiten.

Nichts ist unmöglich! Das erlebe ich auch bei anderen Gelegenheiten. Das Wallis ist überwiegend französischsprachig; also stehe ich vor der Herausforderung, diese Sprache zu lernen. Da ich in meiner Schulzeit keinen Französischunterricht hatte, beginne ich bei null.

„Ich fresse einen Besen, wenn du das schaffst!“, sagt ein Bekannter zu mir. „Das ist unmöglich. Du bist schon zu alt. Du scheiterst schon allein an den vielen Vokabeln.“

Diese Antwort stachelt erst recht meinen Ehrgeiz an. Ich nehme mir privat eine Französischlehrerin. Nach einem Jahr halte ich meinen ersten Gottesdienst in französischer Sprache und heute leite ich in französischer Sprache Sitzungen als Präsident der Walliser Pastorale. Meine Französischlehrerin (die anfangs zögerte, mir Unterricht zu erteilen) ist übrigens heute aktives Gemeindemitglied in meiner Nachbargemeinde. Beim Übersetzen einer meiner Predigten fand sie Zugang zum Glauben.

Nichts ist unmöglich! Davon bin ich nach wie vor felsenfest überzeugt und Gott dafür von ganzem Herzen dankbar!

Tillmann Luther

Bibelvers

Jeremia 32,27

Ich bin der HERR, der Gott über alle Menschen.
Nichts ist für mich unmöglich!

Meditation

„Nein!“, sagt der Verstand
und kehrt sich ab.

„Nein!“, sagt die Seele
und schließt sich zu.

„Nein!“, sagt das Herz
und bäumt sich auf.

„Ja!“, sagt aber Gott.

Penelope

Sicher an der Hand des Vaters

Mein Vater musste kurz nach seinem 90. Geburtstag wegen einer schweren Infektionserkrankung mit Blutvergiftung als Notfall ins Krankenhaus eingeliefert werden. Infolge dieser Erkrankung erlitt er zusätzlich einen kleinen Hirnschlag. Er war glücklicherweise in der Folge nicht massiv eingeschränkt, nur kleine Auffälligkeiten bei seinen Erinnerungen und Wahrnehmungen blieben zurück. Allerdings führte dieser Umstand dazu, dass er nicht mehr in sein geliebtes Zuhause zurückkehren konnte, in dem er die zwei Jahre seit dem Tod meiner lieben Mutter allein, stolz und selbstständig gewohnt hatte, wo er seinen geliebten Garten pflegen konnte. Nach dem Krankenhausaufenthalt war ein Umzug in eine Pflegeeinrichtung unumgänglich geworden.

Vater erholte sich wieder recht gut von seiner schweren Erkrankung, doch es war absehbar, dass ihn seine Beine nicht richtig trugen. Nach einigen Stürzen musste er sich schweren Herzens an den Rollstuhl gewöhnen.

Meine Schwester und ich unternahmen bei einem unserer

Besuche mit Vater einen kleinen Ausflug mit dem Postauto in seine neue Heimat. (Anmerkung: In der Schweiz sind Postautos ein Teil des öffentlichen Nahverkehrs und ergänzen die offiziellen Buslinien.) Wir wussten, dass er es liebt, die Gegend und die Natur zu bestaunen. Wir platzierten Vater mit seinem Gefährt an den für Rollstühle vorgesehenen Platz. Ich selber nahm auf gleicher Höhe auf der anderen Seite des Ganges Platz, damit wir gemütlich plaudern konnten.

Als das Postauto die kurvenreiche Straße den Berg hochfuhr, legte ich instinktiv meine Hand seitlich an den Rollstuhl, als müsste ich ihn vor dem Kippen bewahren. Das bemerkte mein Vater. Ohne zu zögern fragte er mich: „Hast du Angst? Komm, gib mir deine Hand!"

Und ehe ich mich versah, nahm er meine Hand, damit ich mich an ihm festhalten konnte. So fuhren wir beide den Berg hinauf und bis zur Endstation, Hand in Hand, wie seinerzeit als Kind. Er war für eine kurze Zeit der stolzeste Vater, den man sich vorstellen konnte, und die Freude über seine Nützlichkeit war unübersehbar. Unmöglich konnte ich mich aus diesem wunderbaren Geschehen lösen und genoss es ebenfalls, sicher an der Hand meines Vaters mit dem Postauto unterwegs zu sein. Noch heute, zwei Jahre später, rührt es mich sehr, wenn ich an diese Begebenheit denke.

Für mich ist es ein großes Geschenk, dass ich Eltern hatte, die mich „an die Hand" nahmen. Ich bin dankbar für ihre Begleitung und für die guten Wurzeln, die sie mir gaben. Schon verschiedene Stürme des Lebens habe ich dank ihnen gut überstanden und stehe, so glaube ich, bis heute immer noch auf gutem Boden. Je älter ich werde, umso häufiger denke ich dankbar an meine Eltern, umso bewusster nehme ich meine eigene Rolle als Mutter meiner Söhne wahr. Ich habe den Eindruck, dass mir meine Eltern immer näherkommen, desto mehr Zeit vergeht. Ich hoffe, dass wir uns wieder begegnen und uns in die Arme schließen können.

MB

Bibelvers

Psalm 139,5
Von allen Seiten umgibst du mich,
und hältst deine schützende Hand über mir.

Gebet

An deiner Hand hab ich Mut

Ob ich sitze oder stehe, ob ich liege oder gehe,
du, HERR, weißt es; du, HERR, siehst mich an.
Ob ich rede oder schweige, ob ich suche oder frage,
du, HERR, kennst mich, verstehst mich ganz.

Und du sagst JA, nimmst mich wahr,
nimmst mich so, wie ich bin,
nimmst mich an, HERR, als dein Kind.
An deiner Hand hab ich Mut, denn mit dir wird es gut.
Mein ganzes Leben ist dir, HERR, vertraut.

Ob ich wache oder raste, ob ich schlafe oder haste,
du, HERR, gehst mit; du, HERR, stehst mir bei.
Ob ich nehme oder gebe, ob ich sterbe oder lebe,
du, HERR, hältst mich in deiner Vaterhand.

Und du kommst mit, jeden Schritt,
jeden Weg gehst du mit,
bist bei mir, lässt mich nicht los.
Rechts und links, hinten, vorn, überall bist du hier,
auf allen Seiten bist du, HERR, bei mir.

Ob am Morgen oder Abend, ob bei Tag oder Nacht,
du begleitest mich, HERR, bist mir nah.
Ob auf Land oder Meer, ob im Sturm oder Heer,
du gehst mit, hilfst mir durch, bist ja da.

Und du kommst mit, jeden Schritt,
jeden Weg gehst du mit,
bist bei mir, lässt mich nicht los.
An deiner Hand hab ich Mut, denn mit dir wird es gut.
Mein ganzes Leben ist dir, HERR, vertraut.

sh, nach Psalm 139

Achtung: Gott nimmt unsere Gebete ernst!

Elend und ausgelaugt, wie ich war, hatte ich nur einen Wunsch: Einmal ausspannen und nichts tun! Ich bat Gott um neue Kraftreserven und ich wusste, dass er mir nicht mehr auflädt, als ich tragen kann.

Und was geschah dann? Ich erlitt einen Fahrradunfall mit dem Resultat, dass mein linkes Handgelenk und drei Handgrundknochen rechts gebrochen waren!

Nach drei Tagen im Krankenhaus konnte ich mit beiden Armen im Gips nach Hause zurückkehren. Das Krankenhaus organisierte mir morgens und abends einen Pflegedienst, damit ich Hilfe beim Duschen und An- und Auskleiden bekam. Wie ein unbeholfenes Kind musste ich all das geschehen lassen. Einmal pro Woche kam auch jemand zum Putzen. Die Frage der Verpflegung löste mein Mann, indem er sich zum Kochen zur Verfügung stellte. Vom Sofa aus gab ich ihm Anweisungen und ließ mich von ihm „bekochen".

Das Hadern und das Fragen nach dem Warum verwandelte sich nach und nach in den Gedanken von „Zwangsferien". Ich kam zu der Erkenntnis, dass Gott mir genau das geschickt hatte, worum ich ihn so lange gebeten hatte. Ich begann damit, dankbare Gebete zu sprechen und die Zeit des Nichtstuns zu genießen.

Meine Geduld wurde hart auf die Probe gestellt, als sich die Heilung durch eine Komplikation verzögerte, doch ich wollte und will immer noch darauf vertrauen, dass Gott alles gut macht.

Auch meinem Mann wurde es langsam zu viel, vor allem weil er selbst gesundheitlich nicht ganz auf der Höhe war. Doch nun – nach fünf Monaten Leidenszeit, Ergotherapien, Arztbesuchen – ist inzwischen auch mein Mann operiert. Schrittweise und mit neuem Mut kann ich die alltäglichen Aufgaben allmählich wieder übernehmen.

VB

Bibelvers

Jesaja 58,9

Gott spricht: Wenn ihr dann zu mir ruft,
werde ich euch antworten. Wenn ihr um Hilfe schreit,
werde ich sagen: „Ja, hier bin ich."

Segen

Gott umarme dich
und fülle dich mit seiner Liebe.
Gott trage dich über die Berge,
die dir Angst machen.
Gott führe dich auf steinigen Wegen,
ohne dass du Anstoß nimmst.
Gott schütze dich vor Gefahren und Feinden –
innerhalb und außerhalb von dir.
Gott berühre dich gerade dann,
wenn es niemand sonst tut.
Gott spreche dir heilende Worte zu,
die auch in deinen tiefsten Abgründen wirken.
Gott umarme dich
und überschütte dich mit seinem Segen.

sh

Beschenkt

Als zweitjüngstes von fünf Geschwistern durfte ich in einem christlich geprägten Elternhaus aufwachsen. Unsere Eltern beteten regelmäßig mit uns – vor dem Essen am Tisch und am Abend vor dem Schlafengehen. Sie lehrten uns, dass wir uns entschuldigen sollten, wenn wir etwas „Verbotenes" getan oder einander Schimpfwörter nachgerufen hatten. In sehr guter Erinnerung bleiben mir die gemeinsamen Stunden und Tage mit meinem Vater. Ich durfte ihn jeden Sonntag in die Sonntagsschule begleiten. Er erteilte dort Unterricht und erzählte spannende Geschichten aus der Bibel. Wir sangen schöne Lieder und an Weihnachten führten wir ein Krippenspiel auf. Ich durfte sogar mithelfen, den großen Baum in der Kirche zu schmücken. Es war jedes Jahr ein unvergessliches Erlebnis!

Mein Vater machte mit mir auch größere Ausflüge, meistens zu Fuß. Die Gegend, in der ich aufgewachsen bin, ist sehr hügelig. Das Ziel unserer Wanderungen – das Haus von Verwandten – lag weit entfernt in einem Nachbardorf. Unterwegs lehrte mein Vater mich die Namen der Pflanzen, Bäume und Ortschaften, an denen wir vorübergingen. Ich bewunderte ihn deshalb sehr. Weil er in jungen Jahren den Beruf als Bäcker und Konditor erlernt hatte, zeigte er uns, wie man Kuchen und Gebäck herstellt. Dabei mussten meine Schwester und ich uns große Mühe geben, dass alles genau und sauber durchgeführt wurde. Mein Vater war streng, aber korrekt. Zu anderen Menschen war er stets freundlich und strahlte Gelassenheit und Ruhe aus. Weil er zu Hause Strickwaren herstellte und damit den Unterhalt für unsere siebenköpfige Familie verdiente, war er eigentlich immer in der Nähe. Ich durfte ihm beim Spulen der Wolle und als Handlangerin mithelfen. Wir verstanden einander ohne viele Worte.

Die Mutter war eine stille und fleißige Frau. Sie musste vieles entbehren, doch sie klagte deswegen nie. Wegen gesundheitlicher Probleme war sie oft sehr erschöpft und litt unter Schmerzen. Trotzdem erledigte sie den großen Haushalt und den Garten und half ebenfalls mit, an einer speziellen Overlockmaschine Strickwaren herzustellen.

Wir Kinder erfüllten alle unsere Aufgaben – sei es mit dem Ernten und Vorbereiten von Gemüse oder Obst zum Einmachen, Abwaschen und Abtrocknen, Milch holen in der Käserei, Wäsche aufhängen oder bügeln, im Garten jäten, Schuhe putzen, Ausmisten der Kaninchen usw. Ich lernte schon früh, das für unsere Gegend typische Nachtessen vorzubereiten, entweder Rösti mit Salat oder Birchermüsli oder andere, einfache Gerichte.

Zusammenfassend erlebte ich eine unbeschwerte Kinder- und Jugendzeit und bin meinen Eltern bis heute unendlich dankbar, dass ich so vieles von ihnen gelernt habe; zum Beispiel, dass man in bescheidenen Verhältnissen wohnen und trotzdem glücklich sein kann; dass man von den eigenen Vorräten verschenken kann; dass man andern Menschen hilft, wenn es nötig ist.

Ich erinnere mich an einen Bauernknecht, der unweit von

unserem Zuhause lebte. Da er geistig etwas beeinträchtigt war, war mein Vater zu seinem Vormund bestimmt worden und betreute ihn. Ich vergesse nie, wie dieser ältere Mann oft am Sonntagnachmittag zu Fuß zu uns kam, schmutzig, verschwitzt und ungekämmt. Er durfte zuerst ein warmes Bad nehmen, sich rasieren, frische Kleider anziehen und anschließend mit uns zusammen „Zvieri" essen. Weil er fast keine Zähne mehr hatte, bevorzugte er eine „gebrannte Crème" oder Grießköpfli mit Himbeersirup. Für ihn war es ein Fest, trotz seiner geistigen Schwäche so willkommen und akzeptiert zu sein. Für meine Mutter weniger; sie war es, die anschließend die Badewanne putzen musste!

Als in unserer Nachbarschaft eine Bauersfrau – Mutter von vier Kindern – wegen eines Hirntumors operiert werden musste, holte meine Mutter die schmutzige Wäsche dieser Familie und erledigte diese zusätzlich. Es war alles so selbstverständlich!

Einmal brannte in unserem Dorf ein Bauernhaus bis auf die Grundmauern nieder. Wir brachten den Bewohnern Kleider und Essen vorbei und erkundigten uns, ob sie eine Unterkunft hatten. So lernte ich früh, andern Menschen zu helfen, wenn sie in Not sind.

Im Alter von fünfzehn Jahren musste ich mich für einen Beruf entscheiden. Meine Eltern waren bereit, mich in ein Institut ins Welschland zu schicken, um erste Vorkenntnisse für meinen späteren Beruf als Krankenschwester zu erwerben. Ich bin ihnen noch heute unendlich dankbar dafür, dass sie mir dieses Jahr in der Fremde ermöglichten, obwohl es eine große finanzielle Belastung für sie war. Ich litt zwar häufig an Heimweh; trotzdem war dieses Jahr für mich sehr bereichernd.

Ein weiteres Jahr verbrachte ich bei einer Italienisch sprechenden Familie mit vier Mädchen, wo ich im Haushalt aushalf. Alles diente dazu, später den Beruf als Krankenschwester zu erlernen. Auch an dieses Jahr in der Fremde denke ich mit Dankbarkeit zurück. Ich wurde von den Gasteltern wie eine eigene Tochter behandelt. Zwar bekam ich nur selten Urlaub und hatte wenig freie Zeit; trotzdem hatte ich kein Heimweh. Ab und zu verbrachte ich ein Wochenende zu Hause. Ich werde nie vergessen, mit welchen Abschiedsworten meine Mutter mich stets verabschiedete, bevor ich wieder aufbrach: „Du darfst immer nach Hause kommen, was auch geschehen mag!" und: „Behüt dich Gott!"

Ein großes Geschenk in meinem Leben war die Begegnung mit meinem jetzigen Mann. Er ist einige Jahre älter als ich und am Anfang unserer Bekanntschaft rechnete ich nicht damit, dass wir einander heiraten würden. Weil wir jedoch ähnliche Hobbys pflegten und gerne Wanderungen unternahmen, verbrachten wir bald viel Zeit miteinander und lernten einander immer besser kennen. Bereits zu Beginn unserer Ehe waren wir uns einig, dass wir unseren Glauben nicht nur für uns im stillen Kämmerlein, sondern auch in Gemeinschaft mit andern Menschen leben sollten. Gemeinsam besuchten wir – mittlerweile ist es fast vierzig Jahre her – ein Wochenende in unserer Kirche, das unter dem Thema stand: „Mut zur Gemeinde." Daraus entstand ein Hauskreis, der seit damals in immer wieder anderer Zusammensetzung stattfindet. Gemeinsam können wir füreinander beten, einander unterstützen und beistehen, wenn es jemandem nicht gut geht. Wir lesen regelmäßig in der Bibel. Während einer schwierigen Phase in meinem Leben wurde mir dieser Kreis noch wichtiger und kostbarer. Ich litt an einer Depression – ich mochte und konnte überhaupt nicht mehr. Ich erhielt viel Trost und Kraft durch das Lesen der Psalmen und wusste von einigen Menschen, dass sie für mich beteten. Der Psychotherapeut, der mich während dieser Zeit betreute, meinte in einem unserer Gespräche, dass mein Glaube an Gott das größte Geschenk sei, das ein Mensch besitzen dürfe. Das kann ich nur bestätigen!

Nach der Geburt meines Sohnes und meiner Tochter übte ich meinen erlernten Beruf als Krankenschwester nicht mehr aus. Ich übernahm die Verantwortung, für Mann und Kinder und den Haushalt zu sorgen. Dies machte mir anfangs Freude. Mit zunehmendem Alter der Kinder wurde ich jedoch depressiv. Ich war ständig müde und hatte keine Freude mehr an meiner Arbeit als Hausfrau. Mir fehlte der Kontakt mit andern Menschen und eine befriedigende Tätigkeit und ich weinte viel. Ich war verzweifelt. In meiner Not rief ich zu Gott und bat ihn, mir zu helfen. Gott machte mich ruhig und schenkte mir die Gewissheit, dass er mir helfen würde.

Eine Nachbarin lud mich ab und zu zum Tee ein. Wir erzählten einander von unserem Alltag und sie erkundigte sich nach mir und meiner Familie. Sie erkannte meine unerfüllten Wünsche und ermutigte mich, im Krankenhaus, wo sie selbst als Krankenschwester arbeitete, zur Probe zu arbeiten. Ich könnte mich auf eine Stelle als Pflegefachfrau bewerben. Nach einigen schlaflosen Nächten folgte ich ihrem Rat. Und siehe da: Ich durfte während des Urlaubs meines Mannes auf einer akutmedizinischen Abteilung arbeiten. Nach neun Jahren ohne berufliche Tätigkeit war dies eine große Herausforderung für mich. Es gab gelähmte Patienten, solche mit Herz- und Lungenproblemen, Diabetiker, Krebspatienten und Drogensüchtige mit HIV-Infektionen.

Während sich mein Mann um unsere Kinder kümmerte, konnte ich mich auf die neue Situation einlassen. Ich war sehr müde, weil ich nicht nur körperlich schwer arbeitete, sondern mich auch auf viel Neues konzentrieren, vieles nachlesen und wieder üben musste. Auch machte mir der hektische Krankenhausbetrieb zu schaffen. Für mich war dies nach so vielen Jahren als Hausfrau sehr belastend. Der Kontakt mit den Patienten und die Pflege hingegen waren von Anfang an das, was ich so lange vermisst hatte. Ich spürte Befriedigung, wenn ich helfen konnte, mit einem Gespräch oder Medikamenten Schmerzen lindern und einen Patienten beruhigen oder trösten konnte. Die Dankbarkeit der Patienten und die Anerkennung meiner Vorgesetzten halfen mir, mein Selbstvertrauen wieder zu stärken.

Nach einer kurzen Einführungszeit wurde ich als Nachtwache eingeteilt. Eine Kollegin half mir beim Umlagern der Patienten und machte Botengänge ins Labor usw. Ansonsten war ich allein mit der Verantwortung für meistens 16 oder 17 Patienten mit komplexen Krankheiten. All das konnte ich nur bewältigen, weil ich mir stets vor der Arbeit Zeit nahm, um mit Gott zu reden und zu beten. Ich las die Losungen des Tages und bat Gott um seine Hilfe, damit ich die Arbeit schaffen und keine Fehler machen möge. Nach dieser „stillen Zeit“ konnte ich ruhig und gestärkt zur Arbeit gehen. Ich betreute viele Schwerkranke und Sterbende samt ihren Angehörigen und erlebte viele intensive Situationen. Im Nachhinein staune ich, wie Gott mir während dieser Jahre geholfen hat! Ich durfte die Kraft des Heiligen Geistes spüren und bin dankbar für diesen Segen und mein erfülltes Leben.

Die Hilfe aus der Krise zum erfüllten Beruf war für mich ein großes Geschenk von Gott und eine Überraschung, weil ich mir dies nie zugetraut und aus eigener Kraft nie geschafft hätte! Ich bin Gott sehr dankbar dafür und kann ihn nur loben und preisen für seine Güte und Gnade, die jeden Morgen neu ist.

UL

Bibelvers

Klagelieder 3,22-23
Die Güte des Herrn hat kein Ende,
sein Erbarmen hört niemals auf, es ist jeden Morgen neu!
Groß ist deine Treue, o Herr!

Hier bin ich, Herr ...

Hier sind meine Hände, fülle sie, Herr,
dass ich weitergebe von deinem Reich.

Hier sind meine Augen, erleuchte sie, Herr,
dass sie deine Taten verkündigen.

Hier sind meine Ohren, öffne sie, Herr,
dass sie deine Worte hören und verstehen.

Hier ist mein Mund, berühre ihn, Herr,
dass er Wahrheit redet und Gutes von dir.

Hier ist mein Herz, mache du es neu, Herr,
dass es die Liebe von dir bewahrt.

Hier bin ich, Herr, nimm mich an als dein Kind,
dass ich mit dir lebe, so wie du es willst.

sh

Getragen von Glaube und Hoffnung

Im Vergleich zu meinen beiden besten Freundinnen ist meine Beziehung zu Gott schlicht und traditionell. Ich stamme aus einem evangelisch-reformierten Elternhaus. Mein Glaube beruhte auf Sonntagsschule, Jungschar, den Pflicht-Predigtbesuchen für den Konfirmandenunterricht, einigen freiwilligen Kirchenbesuchen und natürlich unserer Hochzeit und den Taufen unserer Kinder. Glaube war für mich etwas Privates, das ich mit mir selber ausmache. Trotzdem durfte ich in schweren Zeiten auf ein Fundament bauen, das mich trug.

Mein Mann Rafael wurde sehr katholisch erzogen. Er war ein treuer Ministrant und seine Mutter ist der katholischen Kirche nach wie vor sehr verbunden. Ich bin überzeugt, dass „das Christliche" tief in ihm verankert ist, doch ich habe den Eindruck, es wurde ihm zu sehr übergestülpt. Unser Glaube war nie ein großes Thema für uns. Wir heirateten in meiner Kirche, also evangelisch-reformiert, und beide Kinder sind auch reformiert getauft. Für mich war es wichtig, für Rafael nur nebensächlich.

Als mein Mann im Frühjahr 2016 plötzlich schwer krank wurde und uns die Diagnose Leukämie nur sehr wenig Hoffnung bereitete, war meine erste Reaktion: „Da hilft nur beten!“ Dieser Satz kam aus tiefster Überzeugung und ich forderte auch Rafael dazu auf, um Hilfe zu beten.

Bereits am zweiten Tag saßen unsere besten Freunde, Rafaels Familie und ich zusammen, um die Aufgaben in unserem eigenen Unternehmen aufzuteilen. Wir wollten den Betrieb am Laufen halten, bis Rafael wieder einsteigen konnte. Dieses wunderbare, hilfsbereite Umfeld nahm uns die betriebswirtschaftliche Last.

Am dritten Tag nach der Diagnose musste Rafael wegen Lungenkomplikationen in ein künstliches Koma gelegt werden – und dann „schlief“ er für mehr als vier Wochen. Jeden zweiten Tag hatte ich ein Gespräch mit den Ärzten, die mir nur sehr wenig Hoffnung machten. Ich besuchte Rafael jeden Tag. Die Pfleger und Schwestern auf der Station sagten mir, man merke Rafael an, ob ich da sei oder nicht, und das gab mir Mut. Manchmal war die Stille neben den ständigen Geräuschen der lebenserhaltenden Maschinen kaum auszuhalten. Ich wusste Rafael bald nichts mehr zu erzählen. In meinem Alltag drehte sich ja alles um die Besuche bei ihm und die Kinder; nachts erledigte ich das Nötigste im Haushalt und Büro. Schließlich begann ich Rafael aus der Kinderbibel vorzulesen, die unsere Kinder zur Taufe bekommen hatten. Als ich aber auf die Geschichte vom blinden Bartimäus oder dem gelähmten Mann aus Markus 2 stieß, kamen zu meiner alles umfassenden Angst um meinen Mann viele weitere Fragen dazu.

In diesen Geschichten las ich: „Wenn man genug vertraut, wird alles gut.“ Musste ich also nur glauben, dann würde alles gut?!? Und wenn ich trotzdem eine unendliche Angst hatte, meinen Mann, den Vater unserer kleinen Kinder, zugleich auch die ganze wirtschaftliche Existenz zu verlieren, glaubte ich dann nicht genug? War ich womöglich daran schuld, wenn Rafael starb?

Diese Fragen beschäftigten mich sehr, doch ich traute mich nicht, mir diese Angst einzugestehen, sondern versuchte, bestmöglich weiterzufunktionieren. Nach rund acht Wochen wurde Rafael von der Intensivstation auf die Pflegestation verlegt; nach weiteren drei Wochen kam er heim. Dort pflegte ich ihn, um ihn möglichst gut für die zweite Chemotherapie vorzubereiten. Diese verlief dann auch einfacher – fünf Wochen auf der Isolierstation. Anschließend kam Rafael, um zwanzig Kilogramm abgemagert, wieder nach Hause und ich versuchte, ihn erneut aufzupäppeln.

In der Zeit, während Rafael im Krankenhaus war, konnte ich auf zwei meiner langjährigen Freundinnen und auf meine Familie zählen. Sie halfen mir, wo sie nur konnten. Viele Kolleginnen besuchten mich, um die einsamen Abende auszufüllen und mich etwas von der grausamen Angst abzulenken. Über den Krankenhausseelsorger erfuhr die Pfarrerin meines Wohnorts von uns. Sie besuchte mich und später uns einige Male.

Die Gespräche mit ihr halfen mir, wegzukommen vom Gedanken: „Du musst vertrauen" hin zu: „Du *darfst* vertrauen; du darfst auch jammern und klagen." Dass sie uns vor jedem erneuten Krankenhausaufenthalt segnete, tat uns allen gut und gab Halt.

Einige Tage vor der geplanten dritten und hoffentlich letzten Chemotherapie bekam Rafael einen Abszess am Gesäß, der eine operative Entfernung erforderte. Die Wunde verzögerte den Start der Chemo. Als er dann einige Zeit später mit der Therapie beginnen sollte, war die Wunde immer noch nicht ganz verschlossen, was ein immenses Risiko während einer Chemotherapie darstellt. Ich betete unablässig, dass die Ärzte die richtige Entscheidung bezüglich Start oder Absage der Chemo treffen würden.

Diese Chemotherapie fand bis heute nicht statt. In der Voruntersuchung zeigte sich, dass in der Zwischenzeit Rafaels gesunde Stammzellen eine weitere Chemotherapie nicht überstehen würden und die wenigen verbleibenden Leukämiezellen wahrscheinlich verhältnismäßig ungeschoren davonkämen. Das Risiko wäre also viel zu hoch im Verhältnis zum erhofften Nutzen der Therapie. Nun muss Rafael regelmäßig zur Kontrolle und wir hoffen, dass der Aufwärtstrend bestehen bleibt.

Als sich Rafael allmählich erholte, kam bei mir ein jäher Zusammenbruch. Davor hatten mich die Pflegenden bereits ein halbes Jahr vorher auf der Intensivstation gewarnt, doch ich war überzeugt, diese Situation meistern zu können. Rafael ging es wieder besser, doch meine Angst blieb. Sie wurde sogar noch größer. Schließlich hatte ich das Gefühl, ich würde nur noch aus Angst bestehen. Die Angst um Rafael weitete sich aus auf zusätzliche Ängste um die Kinder, Angst, selber krank zu werden, Angst um meine Eltern usw. Dieses grauenhaft lähmende Gefühl ließ sich nicht ignorieren. Es beherrschte mich und drückte sich langsam, aber sicher auch körperlich aus. Für viele aus meinem Umfeld war das unverständlich; schließlich ging es Rafael doch wieder besser! Aber ich hatte während der vergangenen sechs Monate keine Zeit gehabt, meine Gefühle zu verarbeiten, sondern hatte alles am Laufen gehalten und funktioniert. Nun kamen diese Emotionen mit Gewalt zurück, keineswegs kleiner, sondern aufgestaut zu einem Tsunami. Rund ein Jahr nach Rafaels Diagnose musste ich mir selbst Hilfe holen. Denn ich fragte mich ernsthaft, warum Gott den Menschen erschaffen hat. Wozu sind wir Menschen auf der Welt? Und warum soll man kämpfen, wenn es doch im Himmel so schön ist? Hätte ich auch so kämpfen können wie Rafael?

Viele Bekannte sagten mir immer wieder: „Man bekommt nur zu tragen, was man zu tragen vermag." Und ich trug und trug und trug.

Andere meinten: „Gib die Sorgen doch einfach Gott ab!" Wenn das so einfach wäre! Ich bat Gott täglich, mir zu helfen und auch mir wieder etwas Hoffnung zu schenken. Schließlich ging es Rafael nach wie vor viel besser; er ist noch am Leben! Ich verstand mich und meine Empfindungen selber nicht. Doch man kann Gefühle nicht einfach abgeben und vergessen. Sie wabern immer wieder hin und her wie ein tiefer, zäher Nebel. Doch allmählich, nach und nach entstanden Lücken in meinem Nebelmeer. Der Nebel kommt immer wieder. Aber er ist nicht mehr so dunkel und reißt auch wieder auf, um Lichtstrahlen der Hoffnung durchscheinen zu lassen.

Unsere Familien unterstützen uns nach wie vor, wo sie können. Auf meine besten zwei Freundinnen darf ich mich seit Rafaels Diagnose Tag und Nacht verlassen. Aus unverbindlichen Bekanntschaften wurden wahre Freundschaften; andere Freundschaften zerbrachen.

Als Rafael die Intensivstation verließ, sagte der Pfleger, den er besonders schätzte: „Rafael, du hast mehrmals an die Himmelstür geklopft und doch bist du noch da. Mach was draus!"

Ich bete dafür, dass wir diesen Pfleger beim Wort nehmen. Die Zeit als Familie genießen wir viel bewusster. Manchmal kann die Arbeit auch etwas liegen bleiben, einfach um die Zeit zu schätzen.

Die Frage nach dem Warum stell(t)en wir uns nicht. Für viele Menschen in unserem Bekanntenkreis ist das nicht nachzuvollziehen. Ja, manchmal frage ich mich selber, warum wir nicht nach dem Warum frag(t)en. Einige Leute erklärten uns ganz genau, warum Rafael krank wurde. Die Thesen gingen von Gift über Lebensmittel, Hochspannungsleitungen, Stress bis zur falschen Ehefrau. Diese Bemerkungen waren sehr schmerzhaft. Die Frage nach der Zukunft ist doch viel wichtiger! Nach vorne schauen! Wobei vor allem mich die Frage nach dem *Was-wäre-wenn* dabei auch stark quälte. Was kommt, weiß niemand. Nur wurden wir uns der Endlichkeit viel mehr bewusst.

Wir sind sehr dankbar, dass Rafael noch da ist und dass wir das letzte Jahr einigermaßen unbeschadet überstanden haben. Wenn es so bleibt, können wir abschließend sagen: Nach dieser Horrordiagnose verlief vieles zu Rafaels Bestem, auch wenn es in der Situation drin nicht danach aussah. Wir schätzen die kleinen, wertvollen Momente im Leben bewusst.

Wir haben erkannt, dass wir wirklich nur bekommen, was wir zu tragen vermögen, aber dass wir auch diese Last nicht allein stemmen müssen. Meine größte Bitte ist die, zusammen als Familie alt werden zu dürfen. Dafür bete ich!

Rahel

Bibelvers

Psalm 68,20

Gott legt uns eine Last auf, aber er hilft uns auch.

(zitiert nach Luther 2017)

Meditation

Der HERR sei dein Hirte.
Er nähre dich.
Er versorge dich mit allem, was du brauchst.

Der HERR sei dein Hirte.
Er weide dich.
Er lasse dich ruh'n in seiner Sicherheit.

Der HERR sei dein Hirte.
Er erquicke dich.
Er sei die Quelle, die dir Leben gibt.

Der HERR sei dein Hirte.
Er führe dich.
Er gebe dir Kraft für den nächsten Schritt.

Der HERR sei dein Hirte.
Er leite dich
auf gerechten Wegen bis zu seinem Ziel.

Der HERR sei dein Hirte.
Er sei bei dir,
wenn Dunkel und Enge dich bedrängen.

Der HERR sei dein Hirte.
Er tröste dich
mit seiner Nähe und mit seinem Blick.

Der HERR sei dein Hirte.
Er beschenke dich
mit seiner Güte und Barmherzigkeit.

Der HERR sei dein Hirte.
Er folge dir.
Er hülle dich in den Mantel seiner Huld.

Der HERR sei dein Hirte.
Er sei dein Haus.
Er lasse dich bei ihm geborgen sein.

sh

Berge

Ich bin in einer guten Familie aufgewachsen, hatte liebe Eltern und eine schöne Kindheit. Mit der Kirche und dem Glauben hatten wir allerdings nicht viel am Hut. Ich sah meine Eltern nie in die Kirche gehen. Aber Sonntagsschule, Religionsunterricht und Konfirmation gehörten damals zum Standard einer protestantischen Familie, ob fromm oder nicht.

Die Sonntagsschule besuche ich gerne. Ich liebe die biblischen Geschichten und die Lieder. Ich besitze auch eine Kinderbibel mit ausdrucksvollen Bildern. Im Religionsunterricht fängt es an zu hapern. Der Pfarrer erzählt wochenlang von alttestamentlichen Kriegen. Das passt mir nicht. Ich schalte bald ab und höre nicht mehr zu. Wir lernen auch Bibelverse und Kirchenlieder auswendig. Das gefällt mir besser. Schließlich rückt der Konfirmandenunterricht näher. Ich habe keine Lust hinzugehen. Aber es ist auch bei kirchenfernen Protestanten ein absolutes „No-go", nicht konfirmiert zu werden! Allerdings muss dafür eine Bibel her. Ich habe keine Ahnung, wo ich eine auftreiben könnte. Doch in unserer „gott-losen" Familie gibt es einen gläubigen Menschen: meine Großmutter. Neben ihrem Lehnstuhl liegen auf dem Fenstersims, seit ich denken kann, eine Bibel und eine christliche Zeitschrift. Großmutter weiß gewiss, woher ich eine Bibel bekommen kann.

„Schau", sagt sie, „ich habe mir vor Kurzem eine neue mit größerem Druck gekauft. Du kannst die alte haben, wenn du willst." Natürlich will ich. Sie ist aus schwarzem Saffian mit Goldschnitt und Dünndruckpapier, ziemlich abgewetzt und sehr zerlesen. Das stört mich nicht.

Ich nehme ungern und bockig am Unterricht teil und beschließe, nicht mitzumachen. Ich setze mich in die hinterste Bank. Unter dem Pultdeckel stricke ich oder spiele mit meiner Banknachbarin Karten. Manchmal träume ich einfach vor mich hin. Es ist erstaunlich, dass ich nach einem Jahr die Abschlussprüfung bestehe.

Erst in der Nacht vor der Konfirmation erkenne ich mein Problem. Usus ist es zu der damaligen Zeit, an der Konfirmation ein Leben im Glauben öffentlich zu bekennen – natürlich „Ja". Das kommt für mich nicht infrage. Nun ist guter Rat teuer. Ich überdenke verschiedene Strategien: Soll ich jetzt in der Nacht einfach für einen Tag abhauen? Soll ich in dem vollen Gotteshaus „Nein" sagen? Das kann ich meinen Eltern, meiner Familie nicht antun! Auch fehlt mir der Mut dazu. Was bleibt mir also anderes übrig, als die vielen Menschen in der großen Kirche, den Pfarrer und Gott (wenn es den überhaupt gibt) anzulügen! Das bereitet mir großes Unbehagen. So werde ich schließlich wie manch andere an diesem Karfreitag aus der Kirche „hinauskonfirmiert". Ich bin glücklich, frei zu sein und Gott nicht gehorchen zu müssen.

Nach dem zehnten Schuljahr kann ich noch nicht ins Seminar eintreten, um meine Erzieherinnenausbildung zu beginnen. Wir beschließen, dass ich ein Jahr im Welschland zubringe, um die französische Sprache zu verbessern. Meine Eltern melden mich in einem Internat an, wo ich mir gleichzeitig im Haushalt

Kenntnisse aneignen kann. Sie sind der Meinung, dort sei ich behütet. In meinen letzten Sommerferien vor dem Schulabschluss reist meine Mutter mit mir hin. Was ich sehe, gefällt mir: eine prächtige Aussicht auf den Genfersee und die Umgebung, zwei heimelige Häuser und nette Lehrerinnen.

Ich freue mich auf dieses Jahr. Nur etwas gefällt mir ganz und gar nicht: Man soll eine Bibel mitbringen! Zuerst will ich sie zu Hause lassen, packe sie aber zu guter Letzt doch ein. Aber eines, eines ist ganz sicher: Fromm werden will ich nicht. Das kann niemand von mir verlangen.

So reise ich an einem prächtigen Maientag erwartungsvoll mit Sack und Pack an den „Leman" (Genfersee auf Französisch). Mein Los beschert mir ein schönes Zimmer mit Veranda und zwei nette Kameradinnen. Es gefällt mir vom ersten Tag an. Gespannt bin ich, was wir mit der Bibel anfangen werden. Dem Stundenplan entnehme ich: „18.00 bis 18.30 Uhr Bibellesen." Wir erhalten ein Bibelleseheft für Jugendliche. Darin sind kurze Textabschnitte mit Erklärungen.

In einem der Schulzimmer sitzen wir alle an einem langen Tisch. Ich nehme an der Wandseite gegenüber einer Fensterreihe Platz. Ich muss an dieser Stelle erklären, dass ich schon als Kind die Berge sehr liebte, vor allem die hohen über der Waldgrenze mit ihren mächtigen Felstürmen, dem Geröll, den Gletscherbächen und der kargen Flora. Da erwartet mich nun bei diesem Bibellesen eine riesige Überraschung, die mein Herz höherschlagen lässt: Ich erblicke ein überaus wundervolles Bild, nämlich die „Dents du Midi" im Abendschein. Zuerst färbt sich der Schnee gelb, dann rosa. Ich bin beglückt und kann mich nicht sattsehen! Jetzt warte ich jeden Tag sehnsüchtig auf das Bibellesen und genieße den herrlichen Ausblick bis in die Tiefen meiner Seele. Aber es kommt, wie es kommen muss: Nach zehn Tagen Sonnenschein regnet es in Strömen und meine Aussicht ist grau in grau.

Was soll ich jetzt tun? Ich lese den Bibeltext samt Erklärungen. Damit sind aber erst fünf Minuten vorbei. Wie bringe ich nur die restlichen 25 herum? Ich habe kaum Sitzfleisch. Mir ist stinklangweilig. Die Zeit will und will nicht vergehen. Jedes Mal, wenn ich einen Blick auf die Uhr werfe, sind erst zwei Minuten vergangen. Ob die wohl spinnt? Ich denke verzweifelt: *Irgendwo in der Bibel steht doch bestimmt etwas Spannendes, das ich noch nicht kenne*. Aber ich habe keine Ahnung, wo ich suchen soll.

Am nächsten Abend stelle ich das zerlesene Buch auf den Rücken, die Hände an beiden Seiten. Ich lasse los, die Bibel öffnet sich. Mein Blick fällt auf einen fettgedruckten Vers. Was ich da lese, trifft mich wie ein Blitzschlag und stellt mein Leben in nur zwei Minuten auf den Kopf. Ich kann es kaum fassen: „Es sollen wohl Berge weichen und Hügel hinfallen, aber meine Gnade soll nicht von dir weichen und der Bund meines Friedens soll nicht hinfallen, spricht der Herr, dein Erbarmer." (Jesaja 54,10; *Luther 2017*)

Das überwältigende Bild der vom Sonnenuntergang sanft gefärbten Schneefelder steht vor meinen Augen. Ist es möglich, dass diese imposanten Felstürme eines Tages zusammenfallen? Das kann nicht sein! Geschähe es aber, würde Gottes Liebe zu mir immer noch weiterbestehen. Mehr noch – er will sogar einen Bund mit mir schließen! Da ist mir plötzlich klar: Diese Verbindung mit Gott muss und will ich eingehen für mein ganzes Leben. Einen solchen Gott brauche ich! Es ist etwas Heiliges und unendlich Großes, dass Gott mein Freund werden und bleiben will, obwohl ich von Jesus und seiner Erlösung noch kaum eine Ahnung habe. Ich schenke Gott in diesen paar Minuten ganz aufrichtig und mit Freude mein Herz.

Abends im Bett überdenke ich diesen „Überfall" Gottes und das herrliche Bibelwort nochmals. Es ist ein riesiges Wunder, dass Gott mich als Einzige, mit Ausnahme meiner Großmutter, aus einer großen Verwandtschaft herauszupft und in seine Gegenwart stellt. Jetzt fängt ein neues Leben an. Ich bin sehr glücklich.

Das zweite, ebenso große Wunder erfasse ich erst zehn Jahre später. Gott hat sich so weit zu mir herabgelassen, dass er sich mir anpasst. Er stellt mir „Berge" vor Augen in Wort und Wirklichkeit. Hätte ich das schönste und tiefste Bibelwort entdeckt, es hätte mein Herz kaum berührt. Doch die Begegnung mit den Bergen elektrisiert mich sofort und bringt mich zum Nachdenken. Es macht mir bewusst, wer Gott ist und wie sehr er mich liebt. In Ewigkeit werde ich ihn loben und ihm danken, dass er den ersten Schritt getan hat!

Penelope

Bibelvers

Psalm 121,1-2

Ich schaue hinauf zu den Bergen –
woher kann ich Hilfe erwarten?
Meine Hilfe kommt vom Herrn,
der Himmel und Erde gemacht hat!

Sehnsucht meines irdischen Lebens

Deine Berge, mein Gott, deine Berge
sind überaus prächtig und einzigartig:
wilde Abgründe
schroffe Wände
trutzige Türme
majestätisch und ewig
ragen sie stolz in den Himmel
dir, mein Gott, entgegen
gotischen Kathedralen gleich
aus Fels gehauen:
versteinerte Ewigkeit
überaus prachtvoll und erhaben
Fingerzeig deiner Macht
und Herrlichkeit

Weiche bunte Teppiche
in reicher Fülle
geschmückt mit Blumen
sonnenverzaubert wie
funkelnde Edelsteine.
Beschwingt der Aufstieg
weißen Gipfeln entgegen
tiefe Stille und
wohltuendes Schweigen
das Murmeln des Baches
der Pfiff des Murmeltieres
seltene Musik

Hier, mein Herzenskönig,
hier begegnen wir uns
zu Gesprächen
– stundenlang –
nur DU und ich!
Deine Nähe, mein Gott,
schenkt Geborgenheit
lässt mein Herz
vor Staunen und Glück
in tiefer Anbetung schlagen
köstlichste Stunden
geheimnisvoller Verbundenheit

Deine Berge, mein Gott,
deine Berge sind prächtig
und betörend herrlich!

Penelope

Das größte Vorrecht

Seit über vierzig Jahren gehöre ich mittlerweile zu meiner Schwesterngemeinschaft. Das ist für mich etwas Besonderes und liegt nicht an mir, sondern an Gottes Treue. Mir wäre es nie in den Sinn gekommen, Diakonisse zu werden, wenn Gott mich nicht für diese Lebensform berufen hätte.

Lange bevor ich nach seinem Willen fragte und um Wegweisung betete, hat er mir schon zugesagt, dass er mich führen wollte. Das tat er mit einem Vers aus Psalm 32,8: „Ich will dich unterweisen und dir den Weg zeigen, den du wandeln sollst, ich will dich mit meinen Augen leiten." Diese Bibelworte fand ich in meinem Zimmer, als ich zum ersten Mal im Freizeitheim „Ländli", damals noch im Kurhaus, übernachtete. Ich las den Vers, freute mich darüber und vergaß ihn dann wieder.

C. H. Spurgeon hat einmal gesagt: „Herr, das größte Vorrecht meines Lebens ist, dass du mir erlaubt hast, dir zu dienen." Dieses Zitat gilt leicht abgewandelt auch für mich. Es ist ein Vorrecht, von Gott berufen zu sein. Allerdings sah ich es nicht von Anfang an als Vorrecht, ganz im Gegenteil!

Als der Gedanke, Diakonisse zu werden, zum ersten Mal in

mir auftauchte, wehrte ich mich dagegen. Ich dachte: *Kannst du nicht jemand anderes berufen, Gott? Für mich ist das nichts!*

Mit dieser Argumentation war ich nicht allein. In der Bibel sind Geschichten, in denen Gott Menschen zu einem Auftrag beruft, meistens mit Gegenwehr verbunden. Der Prophet Jona sollte nach Ninive gehen, verschwand aber zuerst einmal in entgegengesetzter Richtung. Und die Ausrede des Mose lautete: „Ich kann ja nicht reden, Gott! Sende einen anderen!"

Aber in ihren Herzen kam der Ruf nicht zum Schweigen, das war auch bei mir so. Der Kopf wehrt sich, aber das Herz denkt: *Was wäre, wenn ...*

Es kribbelt und es macht auch Angst, denn eine solche Entscheidung trifft man nicht einfach „nur so nebenbei". Das gilt dann fürs Leben. Gott hatte mir ja durch den Vers aus Psalm 32 schon zugesagt, dass er mir den Weg zeigen wollte, der zu meiner Bestimmung führt, und das gab schlussendlich den Ausschlag. Auf seine Zusage hin ließ ich mich auf den Weg ein und ging zaghaft los.

Der erste Schritt erfordert Mut, der Rest ergibt sich fast von selbst. In mir war auf einmal eine große Gelassenheit, eine große Freude. Ich wusste: *Ich bin es ja nicht, ich trage nicht die Verantwortung dafür, was daraus wird. Gott ist es, der mich führt. Er geht den Weg mit mir.*

Diese Entscheidung habe ich nie bereut. Im Gegenteil, ich merke je länger, je mehr: Dieser Weg Gottes mit mir ist der richtige für mich. Darum kann ich heute, nach mehr als vierzig Jahren, mit voller Überzeugung sagen: Es ist das größte Vorrecht meines Lebens, von Gott berufen zu sein.

Sr. Meta

Psalm 119,105
Dein Wort ist wie ein Licht in der Nacht,
das meinen Weg erleuchtet.

Jesus, mein Alles

Denk du in mir, o Jesu!
Dann denk ich licht und klar.
Sprich du aus mir, o Jesu!
Dann sprech ich mild und wahr.

Wirk du durch mich, o Jesu!
Gerecht ist dann mein Tun,
geheiligt meine Arbeit,
geheiligt auch mein Ruh'n.

Durchdring mein ganzes Wesen,
erfüll mein ganzes Sein,
dass man aus mir kann lesen
die große Liebe dein!

Penelope

Ein Schlüsselerlebnis oder: Die Frau des Sattlers

Ich bin auf einem einsamen Bauernhof im Thurgau aufgewachsen und war von klein auf sehr mit der Natur verbunden. Kuh, Pferd, Huhn, Hase, Hund oder Katze – sie alle spendeten mir in jeder Lebenslage Freude und Trost. Wie stolz war ich, als ich Kuh Heidi mein Eigen nennen durfte! Ich fühlte mich in der Natur geborgen und willkommen.

Zur Schule musste ich etwa einen Kilometer in Richtung Osten zu Fuß gehen. Da fühlte ich mich oft sehr einsam. Ein alter Birnbaum auf dem Weg hatte am Stamm eine Holzwarze, die mir häufig große Angst machte; fast immer schickte ich ein Stoßgebet zum Himmel, wenn ich an dem Baum vorüberging. Der Bach daneben beruhigte mich mit seinem wohltuenden Rauschen und Fließen. Ich betrachtete und studierte Blumen, Gräser, Felder und Bäume. Oft fuhr ich morgens vor der Schule mit Vaters Pferd und unserem Milchwagen die Milch in die Käserei. Dann gab ich dem Pferd einen Klaps auf seine Hinterseite und segnete es mit guten Heimkehrwünschen, woraufhin es alleine nach Hause trottete und ich in die Schule.

Irgendwann kaufte meine Mutter für mich ein Sonntagsschultäschli – ich besitze es noch heute. Ab dann ging es Sonntag für Sonntag einen Kilometer in Richtung Westen, auch wieder über Land in ein anderes Schulhaus, wo ich die Sonntagsschule besuchen durfte. Diese Stunde wurde von der Frau des Sattlers ausgerichtet. Das ist in meiner Erinnerung die Zeit, als mir der Glaube tief ins Herz fiel. Besonders faszinierte mich das Spendenkässeli, auf dem eine kleine Figur stand, die sich kopfnickend für jede Münze bedankte. Ich bat darum, dass meine Mutter mir möglichst viele kleine Geldstücke mitgab, damit der kleine Kerl fleißig mit dem Kopf wackeln musste.

Diese herzliche und mütterliche Sonntagsschullehrerin erzählte jede Woche eine neue spannende Geschichte aus der Bibel, und das mit so viel Hingabe und Liebe, dass ich es kaum erwarten konnte, am nächsten Sonntag wieder loszuziehen. Wir Kinder erhielten meist ein Bildchen zum Sammeln, Kleben oder Ausmalen. Zu Hause studierte ich all die Bilder und die kurzen Texte der Kinderbibel und genoss es sehr. Die Sonntagsschule war für mich eine sehr schöne Abwechslung von den Werktagen. Mit von der Mutter selbst genähtem Sonntagsrock spürte ich, dass es wirklich ein Feiertag war. Am Nachmittag machte unsere Familie hie und da mit unserem Auto, einem grünen Vauxhall, einen kleinen Ausflug über Land. Überliefert ist, dass ich dafür wohl eher wegen dem Einkehren zu begeistern war. Ohne Handy und Fernsehen hatten wir Kinder viel Zeit zum Spielen und „Chillen“. Außer der Kinderbibel besaß ich Grimms Märchenbuch und ein paar Kinderbücher, einen Verkäuferliladen und eine Schildkröt-Puppe, die ich Heidi taufte.

In der Sonntagsschule erfuhr ich so viel Liebe und Vertrauen, dass es mir für mein ganzes Leben sehr viel gegeben hat. Den größten Eindruck machte mir wohl die Geschichte von der Jakobsleiter. Heute noch träume ich immer wieder mal davon, die Leiter selbst emporzusteigen bis in den Himmel hinauf. Ich spürte schon als Kind tief in meinem Herzen: Gott liebt mich bedingungslos, und ich liebte ihn sofort zurück.

Abends betete ich: „Müde bin ich, geh zur Ruh ..." Noch heute tue ich dies, es ist mir zum Ritual geworden, das mich ruhig werden lässt. Allerdings war ich ein sehr lebhaftes Kind und ich wusste nie, warum ich „müde" sagen musste, ich hätte ja noch Bäume ausreißen können! Und so spielte ich für meine Schwester anschließend hinter dem Bettladen Kasperle-Theater.

Mittlerweile bin ich 70 Jahre alt. Ich habe in meinem Leben viele Klippen umschifft; Tiefschläge haben mich nicht unbedingt mutiger gemacht; im Gegenteil, ich bin vorsichtiger und selbstkritischer geworden. Immer häufiger wandern meine Gedanken in meine Kinder- und Jugendzeit zurück.

Eines weiß ich: Mein zweites Leben begann, als ich merkte, dass das erste zu Ende gehen wird. Fragen stiegen in mir auf: Werde ich mein Leben mitnehmen oder es zurücklassen? Kommt meine Seele von langer Sehnsucht zur Ruhe? Wohin falle ich, wenn der Weg zu Ende ist? Muss ich in meinen Tränen ertrinken oder kann ich auf meinen Freudentränen über Wasser gehen? Wird mein Herz schwer zum Meeresgrund fallen oder wird es sich als sanfte Taube in den blauen Himmel aufschwingen? Werden mich meine liebsten Menschen loslassen können? Kann ich sie loslassen? Wer erwartet mich, werde ich – wo auch immer – willkommen sein?

Fragen über Fragen; ich glaube fast, es wird alles schöner als angenommen. Es wird vielleicht Menschen geben, die mir ihre Lebensgeschichte erzählen – womöglich gibt es wieder so schöne Sonntagsschulstunden wie in meiner Kindheit? Und wenn ich oben auf der Jakobsleiter angekommen bin, werde ich frei nach meinem Lieblingsschriftsteller Robert Walser sagen können: „Ich weiß nicht, ob ich gläubig bin, ich weiß nur, dass mir ohne Glauben etwas fehlen würde." Vielleicht gibt es ja noch ein weiteres Schlüsselerlebnis?!

Das weiß ich nicht genau – ich weiß aber, dass ich mein Leben von Anfang bis Ende in Gottes liebende Hände legen kann.

Monica

Bibelvers

Johannes 14,1-2

„Seid nicht bestürzt und habt keine Angst!", ermutigte Jesus seine Jünger. „Glaubt an Gott und glaubt an mich! Denn im Haus meines Vaters gibt es viele Wohnungen. Sonst hätte ich euch nicht gesagt: Ich gehe hin, um dort alles für euch vorzubereiten."

So wie du bist!

Möge Gott deine Augen öffnen,
damit sie zuerst das Gute sehen.
Möge Gott deine Lippen berühren,
damit sie das Gute und Wahre aussprechen.
Möge Gott deinen Sinn wachsam machen,
damit du gute Gelegenheiten erkennst.
Möge Gott deine Hände mit heilvoller Kraft füllen,
um anderen wohlzutun.
Möge Gott deine Füße stärken,
damit sie dich dorthin tragen, wo Segen nötig ist.
Möge Gott dich zum Segen machen,
damit du anderen zum Geschenk wirst –
so wie du bist, durch dein Wesen und Sein!

sh

Pflänzchen der Hoffnung

Es war im Herbst, die Tage wurden schon kürzer, als bei einer Frau aus unserer Gemeinde eingebrochen wurde. Sie erzählte uns in einem kurzen Interview im Gottesdienst davon, wie es ihr ging und dass viele Ängste sie nun umtrieben. Daraufhin schrieb ich ihr eine Karte, um meiner Betroffenheit und meinem Mitfühlen Ausdruck zu verleihen. Ihr zerbrochenes Sicherheitsgefühl hatte mich tief angesprochen.

Später kam mir die Idee, der Frau zwei selbst gezogene Pflänzchen zu schenken. Sie hatte erwähnt, sie lebe nur noch hinter geschlossenen Fensterläden. Das hatte mich sehr berührt, denn ich selber brauche Licht, das mir Hoffnung schenkt – Leben, das zurückkehren darf. Ich fragte telefonisch an, ob ihr dieses Geschenk willkommen wäre oder ob sie sich dadurch gedrängt fühle. Sie war aber sehr offen und willigte ein. Glücklich brachte ich die zwei Pflänzchen bei ihr vorbei.

Doch schon einen Tag später rief meine Bekannte mich niedergeschlagen an: „Die Pflanzen werden sterben. Ich schaffe es nicht, die Fensterläden zu öffnen."

Ich überlegte kurz. „Könntest du dir vorstellen, nur ein halbes Fenster oder einen Fensterladen zu öffnen?“

Sie versuchte es, und tatsächlich, sie wagte es! Ich freute mich sehr darüber, doch ich fragte nicht weiter nach. Ich wollte meine Bekannte nicht zu sehr bedrängen.

Heute nun, im Gottesdienst, gab meine Bekannte ein kurzes Zeugnis. „Erinnert ihr euch daran, wie ich von dem Einbruch und meinen Ängsten erzählte, von meinem Leben in Dunkelheit und Zurückgezogenheit? Mittlerweile habe ich neun Pflanzen daheim. Es begann mit zwei kleinen selbst gezogenen Pflanzen, die mir nach dem Einbruch als Geschenk überreicht wurden, zusammen mit ermutigenden Gedanken zum Licht und Leben. Nach und nach kamen meine Freiheit und Sicherheit zurück. Ich habe mir in der Folge selber Pflänzchen gekauft und es gewagt, Licht und Hoffnung neu einzulassen. Meine Wohnung ist jetzt wieder schön und zum Leben eingerichtet!“

Mir kamen die Tränen. Wie oft habe ich solch kleine Geschichten gesät. Selten höre ich ein Resultat. Wie habe ich innerlich gejubelt und gestaunt! Danke, mein Gott!

Laura

Bibelvers

Römer 5,4-5

Geduld aber vertieft und festigt unseren Glauben, und das wiederum stärkt unsere Hoffnung. Diese Hoffnung aber geht nicht ins Leere. Denn uns ist der Heilige Geist geschenkt, und durch ihn hat Gott unsere Herzen mit seiner Liebe erfüllt.

Meditation

Selig, glücklich, überreich beschenkt,
die vor Gott erkennen, wer sie wirklich sind.
Ohne Gott arm vor Gott;
reich *mit* Gott, geliebtes Kind.

Selig, glücklich, überreich beschenkt,
die mit andern weinen über diese Welt.
Gottes Arm tröstet sie
mehr als Ehr' und Geld.

Selig, glücklich, überreich beschenkt,
die in Sanftmut leben – ohne Stolz und Neid.
Jesus sagt: Lernt von mir!
Demut ist mein Kleid.

Selig, glücklich, überreich beschenkt,
die sich immer sehnen nach gerechtem Tun.
Gott will sie sättigen,
lässt sie bei sich ruh'n.

Selig, glücklich, überreich beschenkt,
die barmherzig handeln, so wie Gott es tut.
Gott füllt sie mit noch mehr
von seiner Barmherzigkeit.

Selig, glücklich, überreich beschenkt,
deren Herz von Gott bewohnt wird und ist rein.
Jesu Blut macht es gut
und ihr Herz schaut Gott.

Selig, glücklich, überreich beschenkt,
die nach Frieden suchen und vergeben gern.
Gott, der selbst Friede ist,
nennt sie seine Kind.

Selig, glücklich, überreich beschenkt,
die zu Unrecht leiden und Verfolgung droht.
Gott ist da, sieht und trägt,
nimmt sie bei sich auf.

sh

Tut Gott auch heute noch Wunder?

Es ist ein Déjà-vu. Genauso habe ich es schon einmal erlebt – nur mit dem Unterschied, dass mir heute sofort klar ist, dass es sich um einen medizinischen Notfall handelt. An diesem Donnerstag, einem heißen Augustmorgen, mache ich mich ohne zu zögern auf den Weg zum Augenarzt. Der bestätigt, was ich schon weiß: Ich habe am zweiten Auge eine Netzhautablösung!

Mein Augenarzt telefoniert sofort mit der Augenklinik des Zürcher Unikrankenhauses und meldet mich zur Operation an. Zu mir gewandt, bemerkt er: „Ich fahre am Samstag in Urlaub. Falls Sie nicht Anfang nächster Woche Bericht wegen des Eintritts bekommen, schreibe ich Ihnen die Telefonnummer auf, damit Sie nachhaken können."

Am Dienstagmorgen flattert der Brief aus dem Krankenhaus bereits in meinen Briefkasten. Schnell öffne ich den Umschlag und lese, dass ich mich am Donnerstag im Krankenhaus melden soll und am Freitagmorgen operiert werde. Ich bin erleichtert, dass alles so reibungslos verläuft.

Am Donnerstag reise ich nach Zürich. Ich überlege, was mich

in den nächsten Tagen erwartet. Vor vielen Jahren habe ich dasselbe schon einmal durchgemacht. Damals war eine abgelöste Netzhaut eine ziemlich komplizierte Sache. Es fehlte noch an Wissen und nötigen Instrumenten, welche die ganze Prozedur vereinfachen. Heute, viele Jahre später, ist ein solcher Eingriff nichts Spektakuläres mehr: eine mehrstündige Operation unter Vollnarkose, jeden Tag eine schmerzhafte Untersuchung, viel Kopfweh. Damals verbrachte man noch mindestens vierzehn Tage im Krankenhaus, anschließend kam das dicke Ende zu Hause: sechs Wochen lang keinen Buchstaben lesen oder schreiben, den Kopf nicht hinunterbeugen, nichts heben – also nichts tun.

Ich habe es beim ersten Mal gut überstanden. Ich bin getrost und habe keine Angst, denn ich weiß mich in Gottes Armen geborgen. Und würde ich nicht mehr aus der Narkose erwachen, dann wäre ich in der Ewigkeit bei Gott. Das ist eine schöne Aussicht.

Im Krankenhaus gehe ich zur Anmeldung. Ich bin etwas irritiert, denn niemand weiß etwas mit meinem Namen anzufangen. Die Schwester dreht die Liste ein paarmal um, aber mein Name ist nicht zu finden. Sie telefoniert mit den Stationen, ob die einen Zugang erwarten mit meinem Namen. Ich bin nirgends vermerkt! Ich werde etwas unruhig. Die Schwester fragt nach dem Brief. Den habe ich bei mir und strecke ihn ihr entgegen.

Dann trifft mich der Schlag: „Sie sind eine Woche zu früh gekommen."

Das kann nicht wahr sein! Doch anhand des Briefes überzeuge ich mich davon, dass es stimmt. Ich stehe da und schäme mich in Grund und Boden. Wie kann so etwas passieren? Bald bin ich fünfzig Jahre alt – ein erwachsener, verantwortungsbewusster Mensch. Zudem bin ich genau und zuverlässig. Dann fällt es mir ein: Mir war sofort sonnenklar, dass es sich um diesen Donnerstag handeln *musste*. Denn es durfte keine zehn Tage mehr dauern bis zur Operation, da diese dringend ist. Darum beachtete ich das Datum gar nicht.

Zaghaft frage ich: „Muss ich jetzt wieder nach Hause fahren?"

Die Schwester tröstet mich: „Wir haben sicher noch irgendwo ein Bett für Sie."

Ich kann bleiben. Dafür bin ich sehr dankbar! Eine Schwester führt mich in ein Dreierzimmer, wo ich zwei freundliche Seniorinnen antreffe, mit denen ich mich sofort gut verstehe. Manche gemütliche und fröhliche Stunden erleben wir in den nächsten vierzehn Tagen zusammen und lachen viel. Die Kontakte bleiben jahrelang bestehen.

Nach kurzer Zeit werde ich zum Herrn Professor gebeten. Er macht die üblichen Untersuchungen und erklärt mir einiges. Seine Sätze haben sich bis heute in meinem Kopf eingenistet: „Es ist gut, dass Sie eine Woche früher gekommen sind. Die Ablösung geht haarscharf an der Macula vorbei. Sie müssen sofort zu Bett gehen und so ruhig wie möglich liegen bis zur morgigen Operation."

Im Bett habe ich Zeit zum Nachdenken und komme in anbetendes Staunen. Nicht auszudenken, was passiert wäre, wenn ich noch zehn Tage zu Hause geblieben wäre und gearbeitet hätte! So überraschend kann Gottes Führung in unserem täglichen Leben sein, wenn wir ihm ganz vertrauen. Ich leiste mir einen Fauxpas und Gott gebraucht ihn, um mich vor einem blinden Auge zu bewahren! Wenn das kein Wunder ist! Mein Herz ist voll Lob und Dank.

Penelope

Bibelvers

Psalm 32,8

Du, Gott, sprichst zu mir: „Ich will dich lehren und dir den Weg zeigen, den du gehen sollst; ich berate dich, nie verliere ich dich aus den Augen.“

Gebet

Mein Herr,
du nimmst mich
beim Wort
manchmal behutsam
manchmal grausam.
Aber immer schmerzlich
nimmst du Geliebtes
aus Herz
und Händen!
Was bleibt mir
als genug
an dir zu haben?
Es wird Zeit
dich allein
zu lieben!

Keiner wird gefragt
wann es ihm recht ist
Abschied zu nehmen
von Menschen
Gewohnheiten
sich selbst.
Irgendwann
plötzlich
heißt es
damit umgehen
ihn aushalten
annehmen

diesen Schmerz
des Sterbens
dieses Zusammenbrechen
um neu aufzubrechen
Es ist Zeit, Herr,
der Sand
rinnt schnell
im Glas.
Die Schatten
werden länger.
Es ist Zeit, Herr,
zur Ewigkeit.

Penelope

Von Gott gefunden

Vor einem halben Jahr jährte sich zum zweiten Mal der Todestag meines lieben Mannes. Ich bin dieses Jahr bedrückter und trauriger als vor einem Jahr und kann das gar nicht so recht verstehen. Aber eigentlich muss ich das auch nicht verstehen, sondern darf dankbar sein, dass ich die sehr schwierigen und belastenden zwanzig Jahre, in denen ich meinen Mann in seiner Parkinson-Erkrankung begleitete, mit Gottes Hilfe leisten konnte. Immer wieder wurde ich getröstet, spürte neu Kraft und Mut.

An der Konfirmation von einem unserer Enkel wurde ich durch die von der Pfarrerin gesprochenen Worte – und letztlich durch Gottes Wort – zutiefst berührt und angesprochen. Von da an besuchte ich immer wieder die Gottesdienste, wo meine ziemlich ausgehungerte Seele endlich wieder Nahrung bekam. Ich meldete mich auch zu Seminaren und Wochenendfreizeiten an und erlebte jedes Mal einen tiefen Frieden und Ruhe, die mir sonst in meinem Alltag oft abhandenkamen. Mit dieser Seelennahrung gestärkt konnte ich durchhalten, obwohl ich oft der totalen Erschöpfung und Verzweiflung sehr nahe war.

Nach Jahren der Suche durfte ich mich von Gott finden lassen und seinen Trost und sein DA-Sein erfahren. Ich bin so dankbar, dass Gott mir durch seine Nachfolger diesen wundervollen, tröstenden Weg geöffnet und mir Mut gemacht hat, diesen Weg Schritt für Schritt vertrauensvoll weiterzugehen. Seit über zwei Jahren allein, ohne meinen lieben Mann, aber mit Gott im Herzen.

Ich spüre diese wunderbare Kraft in mir, erfahre sie in der Natur, in der Begleitung von sterbenden Menschen und in alltäglichen Begegnungen sowie in Gesprächen in meiner psychotherapeutischen Praxis. Diese Dankbarkeit (wenn ich sie nicht zwischendurch vergesse) tröstet mich und trägt mich zuversichtlich durch die Tage. In dieser Balance zu sein, macht mich froh.

Ich lernte zu verzeihen, mir selbst vor allem, und Altlasten abzulegen, mich trösten zu lassen und Trost zu spenden. Am reichhaltigen „Vitamin-Buffet" Gottes aufzutanken und mit Mitmenschen auszutauschen und gemeinsam auf dem Weg zu sein, stimmt mich glücklich!

Françoise

Bibelvers

Jeremia 29,13-14

Wenn ihr mich sucht, werdet ihr mich finden. Ja, wenn ihr von ganzem Herzen nach mir fragt, will ich mich von euch finden lassen. Das verspreche ich, der Herr.

Gebet

Gott, du stehst am Anfang, sprichst das erste Wort:
Hell soll es nun werden, Licht an jedem Ort.

Du, Herr, bist mein Schöpfer, du sagst Ja zu mir.
Du liebst mich ins Dasein. Sehr gut ist es bei dir.

Du, Herr, bist mein Töpfer, du gabst mir Gestalt.
Füll die Lebensschale. Sei du, Herr, mein Halt.

Du, Herr, bist der Weber, wirkst uns kreativ.
Wunderbarer Künstler, Herr, dein Tun wirkt tief.

Du, Gott, bist die Quelle. Leben strömt aus dir.
Bei dir ist die Fülle. Herr, hab Dank dafür.

Gott, du stehst am Ende, du erwartest mich.
Herr, nimm meine Hände. Dir vertraue ich.

sh

Sehen wir uns wieder?

Diese Frage wurde am 1. August 1963 auf dramatische Weise an mich gerichtet, als ich abends meinen Vater aufsuchte, der mit dem Traktor unterwegs gewesen war, um Getreide zu mähen. Ich fand ihn tot. Der Traktor war an einem Hang umgestürzt und hatte meinen Vater unter sich begraben. Das war für unsere Familie ein schreckliches Ereignis. Meine Mutter stand plötzlich mit meinen zwei Schwestern und mir, 14-jährig, allein mit unserem Bauernbetrieb da.

Meine Eltern waren gläubig und erzogen uns im Glauben an Christus und damit in der Hoffnung auf ein Leben nach dem Tod. Aber was hilft dieser Glaube an einen Gott, der so etwas zulässt?

Der Gott, der beim Unglück dabei war, war in der Zeit danach in unserer unmittelbaren Nähe; wir konnten ihn spüren. Diese Nähe bewahrte uns vor dem Hadern; sie tröstete uns. Ganz praktisch erlebten wir Gottes Eingreifen, als er uns liebe Menschen schickte, die uns bei der Arbeit auf dem Hof halfen.

Die Aussage aus Amos 3,6 tröstete uns: „Ist etwa ein Unglück in der Stadt, das der Herr nicht tut?“ Es war kein Zufall! Nein, Gott bewirkte aus diesem bösen Ereignis Gutes.

Kinder, die im christlichen Glauben erzogen werden, wissen oft schon früh, was zu tun wäre, um ein Kind Gottes zu werden. Das war bei mir nicht anders. Mit zwölf Jahren wusste ich genau, dass ich Jesus „mein Herz übergeben" sollte. Ich hatte mich daran gewöhnt und begann mit dem Gedanken zu leben, dass so was wohl noch Zeit haben würde.

Kurz nach dem Tod meines Vaters fand in unserem Dorf eine evangelistische Veranstaltung einer Zeltmission statt. Das war für unsere Familie ein weiteres schönes Zeichen der Nähe Gottes. Meine Schwestern und ich gingen in die Kinderstunden und die Abendveranstaltungen. Dort erlebten wir ganz deutlich, dass die Einladung Gottes, sein Kind zu werden, ein Zeichen seiner Liebe und Freundlichkeit ist. Ich hatte plötzlich nicht mehr das Bedürfnis, die Annahme dieses Angebotes auf später hinauszuschieben. Jesus sprach mich freundlich an und ich nahm ihn in mein Herz und Leben auf. Meine beiden Schwestern und zahlreiche andere Menschen aus unserem Ort begaben sich auch auf diesen Weg.

Wir wollten diesen Weg gemeinsam gehen und gründeten darum eine Hausgemeinde in meinem Elternhaus. Die Gemeinde wuchs in Laufe der Jahre, in denen weitere Evangelisationsveranstaltungen durchgeführt wurden. Sie musste sich nach einem größeren Versammlungsort umsehen und konnte eine Kapelle im selben Ort übernehmen.

Mit 21 Jahren zog ich aus beruflichen Gründen weg von zu Hause. Meine Begeisterung für Jesus und mein Einsatz für ihn flauten in den folgenden Jahren bedenklich ab. Über Jahre folgte ich Jesus ohne Hingabe, ohne Freude, ohne Frucht. In diese Zeit fiel meine Heirat; wir wurden eine Familie. Ich war weder ein guter Ehemann noch ein guter Vater. Statt zuerst meine familiären Aufgaben ernst zu nehmen, widmete ich meine Zeit beruflichen Weiterbildungen und anderen Dingen.

Wieder sprach Gott gewaltig in mein Leben – wieder durch einen Unfall. Im April 2004 verunglückte ich beim Skifahren im Sulzschnee schwer. Ich wurde durch Gottes Güte vor dem Schwersten bewahrt. Er zeigte sich mir als guter Hirte und brachte mich auf seine Weide zurück. Seit einigen Jahren darf ich ihm nun neu folgen und bitte ihn, mich in seinem Dienst zu gebrauchen.

Der gnädige Gott hat auch für meine Frau und meine Kinder gesorgt und verhindert, dass meine ungute Saat gnadenlos aufgegangen ist. Ich darf eine erneuerte, sehr schöne Ehe führen mit meiner wunderbaren Frau. Auch meine Kinder haben sich wunderbar entwickelt und sind unterdessen schon alle selbstständig und ausgezogen.

Was Gott tut, das ist wohlgetan! – Dem kann ich mit tiefster Überzeugung zustimmen.

WM

Bibelvers

Johannes 10,14-15

Jesus Christus spricht: „Ich aber bin der gute Hirte und kenne meine Schafe, und sie kennen mich; genauso wie mich mein Vater kennt und ich den Vater kenne. Ich gebe mein Leben für die Schafe."

Schluss-Segen

Der Herr segne dich und behüte dich –
wie einen kostbaren Schatz.
Gott schenke dir Beachtung und Wertschätzung.

Der Herr lasse sein Angesicht leuchten über dir
und sei dir gnädig.
Gott sei dir nahe und zeige dir, wie gut er zu dir ist!
Er wende sich dir freundlich zu,
bringe sein Licht in dein Leben
und hülle dich ein in sein Erbarmen.

Der Herr hebe sein Angesicht auf dich
und gebe dir seinen Frieden.
Gott helfe dir und gebe dir alles,
was du zu einem erfüllten, zufriedenen Leben brauchst.

So segne dich der barmherzige, dreifaltige Gott,
Der Vater, der Sohn und der Heilige Geist.

AMEN.

sh; angelehnt an den Aaronitischen Segen aus 4. Mose 6,24-26

Weitere Bücher von Sabine Herold

Vom Sandkorn zur Perle
Wie aus Verletzungen Segen erwachsen kann
ISBN 978-3-86827-342-7
112 Seiten, gebunden

Sandkörner gibt es genügend in unserem Leben – Schmerzpunkte, die uns lähmen, quälen und manchmal sogar zerstören. Die Perlmuschel gibt uns ein wunderbares Beispiel, wie aus einem schmerzenden Sandkorn eine kostbare Perle entstehen kann. Mit den ihr geschenkten Ressourcen – ihrem eigenen Perlmutt – legt sie eine Schicht nach der anderen um den zerstörerischen Fremdkörper und lässt Neues werden – eine einzigartige Perle.
Pfarrerin Sabine Herold zeigt auf, wie auch wir mit unseren Erfahrungen so umgehen können, dass aus den schmerzenden „Sandkörnern" in unserem Leben Perlen werden. Dabei nimmt sie sowohl Bezug auf das teils schwere Schicksal biblischer Personen als auch auf Erlebnisse von Frauen aus ihrem Umfeld. Sie erzählt offen und ehrlich von ihren eigenen Sandkörnern und gibt Einblicke, wie Gottes Perlmutt sie letztlich hat heil werden lassen.

Mit vertiefenden Fragen und Gebeten zum Nachsprechen.

Die Schatztruhe unseres Lebens
Vom Wert des Schönen und Schweren
ISBN 978-3-86827-499-8
256 Seiten, gebunden

Sie ist gefüllt bis an den Rand: die Schatztruhe unseres Lebens. Alle unsere Erfahrungen und Erlebnisse, Wünsche und Träume, Fehler und Verletzungen sind darin gesammelt. Sabine Herold, die bekannte Pfarrerin, Autorin und Referentin, lädt uns ein, in diese Schatztruhe hineinzuschauen. Mit vielen anschaulichen Lebensberichten und persönlichen Fragen hilft sie dabei, die verschiedenen Lebensphasen zu überdenken, zu verarbeiten und aus Gottes Perspektive zu sehen. Ein wertvolles Buch für die persönliche Reflexion, aber auch für Mitarbeitende in Seelsorge und Gemeinde.